日本法令®

はしがき

令和５年度税制改正によって、生前贈与に関する制度が大きく変わりました。

これまで生前贈与は、暦年課税制度による暦年110万円までの基礎控除を使って贈与を行う方が大多数でした。しかし、贈与してから３年経てばその贈与について贈与者の相続財産に持ち戻されることがなくなっていたものが、令和５年度税制改正により、贈与してから７年経過しないとその贈与は生前贈与加算の対象として相続財産に持ち戻され、相続税の対象になってしまうこととなりました。

一方、あまり利用されていなかった相続時精算課税制度は、従来の2,500万円の特別控除枠に加えて、令和５年度税制改正により暦年110万円の相続時精算課税の基礎控除が創設されました。この相続時精算課税の基礎控除110万円は暦年課税とは異なり、どのタイミングの贈与であっても相続財産に加算されません。

この２つの改正はいずれも令和６年１月１日以後に行われる贈与から施行されています。

これらの改正によって、これまで計画・実行されてきたタックスプランニングは抜本的な見直しが必要になってきます。

今後はいつ贈与をしても相続財産に持ち戻されない相続時精算課税制度を選択して相続時精算課税の基礎控除の範囲内で贈与を実行しようと判断される方が増えると思われますが、相続時精算課税の基礎控除110万円を超える贈与をした場合には、その超える金額は何年経っていようと必ず相続財産に持戻しがされます。うっかり贈与をしてしまった場合や贈与税申告をしていなかったものも相続財産に持戻しがされますので、相続時精算課税制度を選択する場合には、受贈者による贈与を受けた記録の管理が重要になります。同様に暦年課税制度についても受贈者は贈与を受けた記録の管理を７年間していかなければなりません。

本書では令和６年からの生前贈与を検討するにあたって、生前贈与をめぐる法務・税務の基礎知識から今般の改正内容、各種税務上の特例等を解説するとともに、生前贈与によるタックスプランニングをどのように見直すべきか、具体例を用いながら検討、解説をしていきます。これらの内容が少しでも読者の皆様のお役に立てれば、たいへん幸いです。

最後に、本書の出版にあたり企画から編集等さまざまなサポートをいただいた株式会社日本法令の田村和美様をはじめとする関係者の皆様に厚く御礼申し上げます。

令和６年２月

税理士法人山田＆パートナーズ
弁護士法人 Y&P 法律事務所
執筆者一同

第Ⅰ部　生前贈与に関する法務

第1章　生前贈与

第2章　生前贈与と相続

第Ⅱ部　生前贈与に関する税務

第１章　贈与に関する令和５年度税制改正の内容

第２章　贈与税の納税義務者

第3章　みなし贈与財産

第4章　贈与税の非課税財産

第5章　暦年課税制度

第6章　相続時精算課税制度

第7章　贈与の特例制度

第8章　負担付贈与

第9章　国外転出（贈与）時課税

第Ⅲ部　具体的な対策案

凡　例

本書においては、法令等につき以下のように省略しています。

相続税法 …… 相法
相続税法施行令 …… 相令
相続税法施行規則 …… 相規
相続税法基本通達 …… 相基通
租税特別措置法 …… 措法
租税特別措置法施行令 …… 措令
租税特別措置法施行規則 …… 措規
租税特別措置法通達 …… 措通
所得税法 …… 所法
所得税法施行令 …… 所令
財産評価基本通達 …… 評基通

（例）相続税法第21条の３第１項第２号　➡　相法21の３①二

第Ⅰ部

生前贈与に関する法務

第1章

生前贈与

1　生前贈与

贈与契約の注意点

贈与契約の一般的な注意点を教えてください。

POINT

- 書面によらない贈与は撤回が自由にできることから、法律関係が不安定になります。
- 受贈者が未成年の場合、贈与契約書に親権者の署名押印を行うことになります。

Answer ＆ 解説

1　贈与契約とは

贈与契約は、民法上、贈与者（財産を贈与する人）と受贈者（財産を受け取る人）とのあいだの口頭の合意のみでも有効に成立します（民法549）。

すなわち、贈与契約は、贈与者の「この財産を贈与します」という意思表示と、受贈者の「この財産の贈与を受け取ります」という意思表示の合致（合意）だけで成立する契約なのです。

しかし、口頭の合意のみでは、本当に贈与の合意があったのか、成立した贈与契約の内容がどのようなものなのかを後日確認する方法がなく、これらを巡って贈与者と受贈者との間で紛争が生じるおそれがあります。

そこで、民法は、口頭の合意である「書面によらない贈与」は、各当事者がいつでも解除することができると規定しています（民法550本文）。

各当事者がいつでも契約を解除できる状態というのは、当事者からしてみると非常に不安定な状況におかれることになります。このような不安定な状況を回避するため、実務上、贈与契約は書面で行われる、すなわち贈与契約書を作成することがほとんどです。なお、贈与を実行した後は解除することはできません（民法550ただし書）。

贈与契約書には、一般的には6頁に掲載したような内容が含まれることが多いです。

しかし、この贈与契約書は、贈与する財産が不動産なのか株式なのか、贈与に条件や期限を設定したいのかなどの具体的な事例に即し、その内容は一定ではありません。

2　負担付贈与

例えば所有しているマンションを生前贈与したいが、そのマンションの建築費用に係る借入れの返済をマンションの賃料収入から支払っている場合、マンションを贈与する贈与者にとってはマンションの贈与とあわせて受贈者にこの借入れの返済も引き継いでもらいたいと思うでしょう。

このように、受贈者が資産の贈与を受けるとともに何らかの債務も負担する条件がついた贈与を「負担付贈与」といいます。

負担付贈与は、「贈与財産の価額から負担額を控除した額」に対して贈与税がかかる可能性があります。

そのため、想定している贈与契約が法的に負担付贈与とならないかどうかは慎重に検討すべき事項でしょう。負担付贈与の詳細はQ30を参照してください。

3　未成年者への贈与

生前贈与を行う際、受贈者を孫にしたいと希望される方も少なくありません。しかし、その孫が未成年者である場合には特別の配慮が必要になります。

未成年者は、原則、未成年者単独で法律行為を行うことができず、親権者の同意が必要となります（民法５本文）。また、未成年者が、親権者の同意を得ずにした法律行為は、原則として親権者により取り消すことが可能です（民法５②）。そして、親権者によって取り消された法律行為は、はじめから無効であるとみなされます（民法121本文）。

これは、未成年者の判断能力が未熟であることから、未成年者を保護するという趣旨の規定です。

贈与契約を締結する場合も、受贈者の「この財産を受け取ります」という意思表示が法律行為であるため、贈与契約の内容によっては、未成年者が単独で行うことができず、有効に成立させるためには親権者の同意が必要となります。

そのため、受贈者を未成年の孫とした贈与契約は、その贈与契約が書面によってなされたものであったとしても、親権者の同意を得ていなければ、後日親権者によって取り消されてしまい、最初から無効なものとして扱われてしまいます。

そのため、実務的には、受贈者を未成年者として行う贈与契約は、親権者が契約書の受贈者として「未成年者法定代理人」として署名押印を行う方法や、未成年者と親権者が連名で契約書に署名押印するなどの手当てを行います。

例外として、未成年者が単に権利を得、義務を免れるだけの内容であれば、未成年者単独でも法律行為をすることができます（民法５①)。上述した負担付贈与は、受贈者に一定の債務を負担させることが条件であるため、未成年者が単独で行うことができません。また、通常の贈与契約であっても、「単に権利を得、義務を免れる」内容かどうかは慎重に検討する必要があります。

■ 贈与契約書の例（金銭の贈与）

贈与契約書

山田太郎（以下「甲」という。）と山田一郎（以下「乙」という。）とは、次のとおり贈与契約を締結した。

（贈与契約の成立）
第１条　甲は、乙に対し、金１０００万円を贈与するものとし、乙はこれを受諾した。

（贈与方法）
第２条　甲は、乙に対し、第１条の贈与金を、本契約締結から２週間以内に、下記の口座に振り込む方法にて譲り渡す。ただし、振込手数料は、甲の負担とする。

記

金融機関　●●●●●
支 店 名　●●●●●
種　　別　●●●●●
口座番号　●●●●●
口座名義　●●●●●

以上

以上、本贈与契約の成立を証するため、本贈与契約書を２通作成し、甲及び乙が各自記名押印のうえ、各自１通を保有するものとする。

令和●年●月●日

甲　住所：

氏名：

乙　住所：

氏名：

Q2 贈与財産ごとの注意点

贈与契約の対象となる財産ごとに注意点がありますか？

POINT

- 不動産の場合、賃貸中の不動産を贈与の対象とする場合、敷金などを適切に処理する必要があります。
- 非上場株式の場合、当該会社の定款などで定められたルールに従って、会社から贈与の承認を得る必要があります。

Answer & 解説

生前贈与として贈与契約を締結する場合、その多くは受贈者に贈与者の資産を譲り渡す形を想定していることでしょう。「資産」とひとことでいっても、現金、預金、自宅や土地などの不動産、会社を経営している方はその会社の株式など、その内容は多種多様です。ここでは、特に注意すべき点の多い、不動産と株式について以下で説明します。

1　不動産の贈与

自宅や収益物件などの不動産を所有している場合、これらの不動産を生前贈与することが考えられます。

このうち、贈与者が収益物件を贈与する場合は次の点に注意が必要です。贈与者は、収益物件の所有者であるとともに、賃借人との関係では賃貸人の地位を有しており、不動産の贈与という側面と、賃貸物件の贈与という側面を合わせ持っており、各場面における法的な処理が必要になってくるからです。

まず、賃貸物件の贈与をするにあたって、賃料の取り決めが必要です。贈与者、受贈者との間で、いつまでの賃料を贈与者が受け取り、いつからの賃料を受贈者が受け取るかについて贈与契約書で明記しておくことが必要になるでしょう。

次に、敷金の関係も問題となります。賃貸借契約を締結する際、借主は貸主に敷金を預けることがあります。この敷金は賃貸借契約の終了時に諸費用を差し引いて残額があれば借主に返還しなければなりません（民法622の2)。すなわち、貸主は借主に対して敷金を返還する債務を負っているということになります。贈与者と受贈者が、この敷金返還債務を受贈者に引き継がせる内容の贈与契約を締結する場合、その贈与契約は、受贈者に敷金返還債務という負担をすることを条件に財産を贈与する「負担付贈与」となります。

2　非上場株式

会社を経営している方は、その会社の株式を生前贈与することも考えられます。特に後継者に事業を引き継ぐため、生前贈与として非上場株式を渡すケースなども多くみられます。

大半の非上場株式は、当該会社の定款において譲渡制限が設けられています。これは、会社のあずかり知らないところで、株主が株式を見ず知らずの人に譲り渡すのを防ぐためです。そのため、非上場株式を生前贈与する場合には、これまでにみてきた贈与契約における注意事項のほか、当該会社の定款や会社法上の手続きに従った贈与を行う必要性があります。

株式の生前贈与の具体的な手続きの流れは次のとおりです。

まず、書面によって贈与契約を締結します。

次に、会社に対して贈与者又は贈与者と受贈者が共同で株式の譲渡承認請求を行います（会社法 136、137）。この譲渡承認請求では、会社法で定められた事項を明記する必要があります（会社法 138）。

譲渡承認請求が行われると、会社は、この株式の譲渡につき承認するかどうか決定することになります。取締役会設置会社であれば取締役会が、取締役会非設置会社であれば株主総会が、会社の定款で別段の定めがあれば定款に規定のある機関が株式の譲渡承認決議を行うことになります（会社法 139）。

譲渡承認決議を得た後は、会社に対して株主名簿の名義書換請求を行い、株主名簿に受贈者が記載されることで、会社に対しても株式の贈与を認めさせることができるようになります（会社法 130）。

Q３　贈与契約の種類

贈与契約の種類や実務上の活用方法を教えてください。

POINT

- 停止条件付贈与、解除条件付贈与の２種類の条件付贈与があります。
- 停止条件付贈与は、条件が成就したときに、贈与対象の物の所有権が無償で相手方に移転します。
- 解除条件付贈与は、条件が成就したときには、贈与の効力を失わせます。

Answer ＆ 解説

1　条件付贈与

条件付贈与は、将来の不確実な事実が法的効力の発生又は消滅の原因となる贈与をいいます。将来の不確実な事実に限っていることは、一般的な意味合いにおける条件とは異なっています。

例えば、死因贈与契約は条件付贈与ではありません。死因贈与契約は、贈与者が死亡することを原因として贈与の効力が発生する契約です。特定の人間の死は、その時期は不明であるものの、いつか訪れる確実な事実ですから、将来の不確実な事実とはいえません。そのため、死因贈与契約は、条件付契約に当てはまりません。法的には、不確定期限の始期付贈与契約と表現することになります。

なお、条件付贈与には、停止条件、解除条件の２種類の条件があります。

2　停止条件付贈与

まずは停止条件について、説明します。停止条件は、条件が成就したときから効力が生じます。一定の条件をクリアしたときに贈与の効力を生じさせたい場合は、停止条件付贈与契約を締結することになります。

停止条件付贈与とは、契約で定めた条件が成就したときに、対象財産の所有権を無償で相手方に移転する契約です。

停止条件付贈与は、農地の贈与を行う際に設定されていることがあります。農地の所有権移転は、農地法３条等によって許可や届出が必要となることがあります。贈与契約締結時は、農地法上の許可等を得ていない場合もあるため、当該許可を停止条件として贈与契約が締結されることがあります。ほかの不動産に関する停止条件付贈与の事例として、長く働いてほしい従業員に対して勤続年数数十年を条件として、社宅として用いていた住居を贈与した事例などがあります。

また、停止条件付贈与の活用として、事業承継に用いることもあります。例えば、後継者が会社の代表者に就任することを条件として、株式を贈与するケースです。しかし、実務上は、停止条件付贈与が実行されるケースは多くありません。贈与時期が不明確になり、結果的に贈与時の株価も確定しないため、贈与税額などの移転コストを想定することができないからです。

3　解除条件付贈与

解除条件付贈与とは、対象財産の所有権を無償で相手方に移転するものの、契約で定めた条件が成就したときには、その効力を失わせる契約です。

事業承継において、旧代表者が後継者に株式を贈与する際、解除条件を設定するケースがあります。例えば、旧代表者が存命のうちに、後継者が会社の経営に従事しなくなった時に解除条件が成就して、株式の贈与の効力を失わせることができます。税務上の問題は置くとして、解除条件を用いて事業承継の計画に反する後継者から株式を取り戻すことができます。

また、養親が養子に対して、同居の不継続を解除条件として、居住用の不動産を贈与する場合もあります。

4　負担付贈与

負担付贈与とは、受贈者が一定の給付をする債務を負担する贈与です。受贈者は、単に財産を受け取るだけでなく、何かしらの義務も負う約束をすることになります。負担は、履行されるまで贈与の効力を停止させるものではないので、停止条件ではありません。また、負担の不履行によって贈与の効力を消滅させるものでもありませんので、解除条件にもなりません。

実務上の活用例としては、贈与者が受贈者に対し、建物を贈与する代わりに、受贈者が当該建物の建築資金に係る借入を返済する負担を負う場合が挙げられます。なお、この場合には、受贈者のローン債務の引継ぎが債務引受（民法470、472）にあたることから、負担付きの贈与契約に併せて債権者の同意を得る必要がある点につき留意しなければなりません。

Q4 受贈者に秘密に行う贈与

受贈者に認識を与えずに贈与を行う方法はありませんか。

POINT

- 原則として、贈与契約の成立には、受贈者との合意が必要になります。
- 他益信託を設定することによって、受贈者に認識を与えずに贈与を行うことができます。

Answer & 解説

贈与契約は、民法上、贈与者（財産を贈与する人）と受贈者（財産を受け取る人）の間の合意によって成立します。反対から見ると、贈与者が受贈者の考えを無視して勝手に贈与することはできません。

例えば、親が、子ども名義の口座に積立預金をしていたケースで考えてみましょう。親が自ら所有する金銭を子ども名義の口座に預金することで、預金の払戻しは子どもが自らの名義で行うことができることから、親から子どもへの贈与があるように思われます。しかし、親が子どもに黙って積み立てていた場合、受贈者である子どもからの贈与を受ける意思表示があったとはいえないため、贈与契約は成立していません。贈与契約が成立しない以上、子ども名義の預金口座に積み立てられていた金銭の所有者は親となります。親の相続が開始した際、相続財産に含まれます。

なお、以上のような預金は「名義預金」と呼ばれており、相続財産の調査、相続税申告を行ううえで、慎重に対応する必要があります。

以上のように、受贈者が贈与を受けることを認識しないままに贈与契約を成立させることはできません。一方で、教育の観点などの理由から子どもに多額の金銭を贈与していることを知られたくないと考える親も一定数います。その希望を実現する方法として、信託を用いることが考えられます。

信託とは、物の所有者（委託者）が、当該物から利益を受ける者（受益者）のために、信頼できる者（受託者）に当該物（信託財産）を預ける仕組みです。

信託を設定することによって、物の形式上の所有者は受託者になるものの、物から生じる利益は受益者に帰属することになります。つまり、預金であれば、受託者名義の信託口座に預けられた金銭は、原則、受託者のために用いられるのではなく、受益者のために用いられるものになります。

信託を設定する方法は、契約、遺言、自己信託といった３種類の方法があります。これらのいずれの方法であっても、受益者からの意思表示を得ることなく、信託を設定することができます。すなわち、親子の例に戻って考えると、子どもの同意を得ることなく、子を受益者と設定することできます。その結果、子どもに知られることなく、信託した金銭の経済的な利益を帰属させることができます。

信託は、委託者から物を預けられた受託者は、受益者のために信託財産を管理・処分することになりますが、委託者と受託者が同一人物になっても差し支えありません。つまり、親が子どもに金銭の贈与を知られないようにすることを目的として、下記のような信託を設定することが可能です。なお、委託者と受託者が同一の信託を自己信託と呼び、信託組成に当たっては、公証役場によって信託条項を作成するなど一定の手続きを行う必要があります。

委託者：親
受託者：親
受益者：子
信託財産：金銭
信託目的：子に対して、安定して資産を承継すること
信託の終了事由：親の死亡

親が死亡したら、そのタイミングで信託を終了させて、子どもに金銭全額を引き継ぐことができます。一方、浪費が心配な子のために、親から別の者に受託者を変えて信託を継続させ、定額の金銭給付を実施していくこともできます。また、信託財産は、信託開始後に追加していくことも可能です。そのため、各年の状況をみて、信託する金額（＝子に贈与する金額）を増額していくといった対応も可能となります。

なお、原則としては、信託法88条2項により、受託者は、受益者となった者に対して、受益権を取得した事実を通知しなければなりません。しかし、同条2項ただし書によって、別段の定めを設定することが許容されています。そこで、受益者が一定の年齢に達するまでは受益権を得た事実を通知しないなどの建付けで信託組成することは可能です。

以上のように、子どもに知られたくないという親の思いは、信託を用いて実現することができます。

第2章
生前贈与と相続

1 生前贈与と相続

1　生前贈与と遺産分割

生前贈与を検討するにあたっては、贈与者の死後、その生前贈与が遺産分割時にどのような取扱いを受けるか知っておくことが有用です。遺産分割においての扱われ方を事前に知っておくことで、より効果的な生前贈与を行うことができます。

2　遺産分割

そもそも、「遺産分割」とは、被相続人が所有していた財産（遺産）について、最終的にだれがどの財産を所有するか、その権利の帰属を確定させる手続きです。遺産分割は、原則、相続人全員で話し合い、合意により成立します。話し合いで合意ができない場合は裁判所における調停・審判などの手続きに移行します。

相続人が複数いる場合、これらの手続きがすべて終わるまで、遺産は相続人全員の共有状態となり（民法898)、原則として各相続人が自由に遺産を処分することはできません。

そして、遺産分割の手続きは、被相続人の遺産にはどのような種類のものが存在するのか、それらの遺産は価額にするといくらになるのか、どの遺産をだれが取得するのか、といった内容が確認され、話し合われることになります。そして、どの遺産をだれが取得するかを決める際には、民法で定められた各相続人の相続分が遺産の取得割合の基本となって話し合いが行われます。

3　特別受益

この話し合いのなかで、生前贈与は、「被相続人の遺産」として扱われる場合があります。それは生前贈与が遺産の前渡しとみられる場合です。このように、遺産の前渡しとみられる贈与のことを「特別受益」といいます（民法903）。

「特別受益」とは、例えば居住用不動産の贈与やその取得のための金銭の贈与、事業資金の贈与など、相続人の生計の基礎として役立つようなものが一例としてあげられます。具体的な判断は、贈与された金銭の価額、贈与の趣旨から判断されることになります。

相続人が特別受益を受けていた場合、遺産分割手続において特別受益は以下のとおりに扱われます。

まず、被相続人が死亡時に有していた遺産に特別受益の価額を加えた金額は相続財産とみなされます。これを「みなし相続財産」といいます。なお、相続税法上の「みなし相続財産」と意義が異なるため、注意が必要です。

次に、このみなし相続財産の額に各相続人の相続分を乗じて、各相続人が受けるべき金額を算出します。

そして、特別受益を受けた相続人については、上記で算出された金額から当該特別受益の価額を控除した額が、具体的に受け取れる相続分となります。

相続人が受けた特別受益の価額によっては、みなし相続財産の額に当該相続人の相続分を乗じた金額と同じ又はこれを超える場合もあります。その場合、この相続人は相続分に相当する遺産を受け取ることはできません（民法903②）。

このように、特定の相続人への生前贈与の価額をみなし相続財産として遺産分割の際に考慮することを「持戻し」と呼びます。

以上にみてきたように、生前贈与が「特別受益」と判断されてしまう場合には、生前に想定していた相続の形を実現できなくなる可能性があります。そのため、生前贈与をする際には、具体的に遺産分割手続においてどのように扱われるかについても念頭に置く必要があります。

なお、令和５年に施行された民法改正によって、相続開始から10年経過した後にする遺産分割は、原則、特別受益による相続分の修正を行いません（民法904の３）。この規定の適用は、猶予期間があり、令和10年４月１日か相続時から10年経過時のいずれか遅い時より適用を受けます（令和３年の改正民法附則３）。

4　生前贈与と遺留分

生前贈与を検討するにあたっては、生前贈与と遺留分の関係性についても知っておくことが有用です。遺産分割において生前贈与が特別受益となる場合、具体的相続分に影響があったことと同じように、生前贈与の金額は遺留分侵害額の計算を行ううえでも影響を与えるからです。

遺留分とは、遺産の中から、相続人に最低限確保するべき遺産を定めることによって、相続人の生活などを保障するために民法が定めた制度です。兄弟姉妹以外の相続人は一定の割合の遺留分を有しています（民法1042）。遺留分権利者は、自らの遺留分が侵害されている場合、遺贈や生前贈与により遺産を受けた者に対して、遺留分侵害額に相当する金銭の請求を行うことができます（民法1046①）。

5　遺留分の算定と生前贈与

遺留分の算定は、シンプルに表現すると、遺留分の算定の基礎となる財産に個別的遺留分率を乗ずることによって算定します。遺留分の算定の基礎となる財産とは、被相続人が相続開始時において有した財産に特別受益や生前贈与の財産を加えて、相続債務を差し引いた金額です（民法 1043 ①)。

遺留分の算定の基礎財産＝
被相続人が相続開始時において有した財産＋特別受益・生前贈与－相続債務

上記の計算式に含まれているとおり、生前贈与の価格は、遺留分の算定の基礎財産となります。ただし、基礎財産となる生前贈与には時期的な制限があります。すなわち、生前贈与は、原則、相続開始の日から１年間にしたものに限り、遺留分の算定の基礎財産となります（民法 1044 ①)。ただし、贈与の当事者の双方が遺留分権利者に損害を与えることを知って行った贈与については、１年間の期間制限はありません。

また、相続人に対する贈与は、上記の原則が変更されています。すなわち、相続人に対する婚姻若しくは養子縁組のため又は生計の資本としての贈与については期間制限が 10 年間に延長されます(民法 1044 ③)。ここでいう「生計の資本」とは、生計の基礎として有用な相当額の贈与は広く含まれると解釈されています。

以上のように、一定の生前贈与は遺留分の算定の基礎となる可能性があります。特に、相続人への贈与は、10 年間と期間が長く、注意が必要になります。

なお、個別的遺留分率とは、民法 1042 条にて定められた総体的遺留分率に法定相続分を乗じた割合のことをいいます。例えば、両親、子どもの合計３人の家族で、父に相続が生じた場合、子どもの個別的遺留分は、２分の１（民法 1042 ①二）に２分の１（法定相続分）を乗ずることになります。

6　遺留分侵害額の算定と生前贈与

上記の通り、遺留分を計算した後、遺留分侵害額を計算することで受遺者に対する請求金額を算定します。遺留分侵害額の計算式は、遺留分から遺留分権利者が得た遺贈や生前贈与により得た価格（特別受益）を差し引き、さらに未分割の遺産から遺留分権利者が取得すべき遺産の価格を差し引きます。そのうえで、遺留分権利者が承継する債務を加えます（民法1046②）。

遺留分侵害額＝遺留分－遺留分権利者が得た遺贈や生前贈与で得た価格－未分割の遺産から遺留分権利者が取得すべき遺産の価格＋遺留分権利者が承継する債務

ここでも、生前贈与の金額が計算に影響します。ここで注意が必要な点は、遺留分の算定の基礎財産における生前贈与と異なり、遺留分侵害額の算定における生前贈与は10年の期間制限が存在していないことです。民法1046条2項では、民法1044条のような期間制限をおいていません。

したがって、相続開始時点から10年経過している過去の生前贈与が、贈与当事者に害意があるか否かにかかわらず、遺留分侵害額の算定に影響を与える可能性があることに留意する必要があります。

Q５　持戻し免除と相続分の計算例

父が死亡しました。母は数年前に亡くなっています。相続財産はおよそ2,000万円です。父の子はA、B、私Cの３名です。父は、Aに4,000万円、Bに2,000万円を贈与しています。なお、父は、Bに対して、持戻し免除の意思表示をしたようです。

遺言はありませんでしたので、３名で遺産分割協議を行います。ABCの遺産分割協議で受け取れる財産額（具体的相続分）を教えてください。

POINT

- Aは、4,000万円の特別受益が自らの法定相続分よりも多いので、原則として、遺産分割協議により財産を受け取ることはできません。
- 特別受益の持戻し免除により、特別受益を考慮せずに遺産分割手続を進めることができます。そのため、Bは1,000万円の財産を受け取ることができます。

Answer & 解説

1　持戻し免除の意思表示

⑴　持戻し免除の意思表示

「特別受益」と判断される生前贈与がすべて遺産分割の際に持戻しの対象になってしまうのか、というとそういうわけではありません。

具体的には、被相続人が生前贈与について「持戻し免除」の意思表示を行っている場合は、当該生前贈与は遺産分割において遺産に持ち戻されることなく、当該生前贈与を除外したうえで各相続人の相続分の計算がなされることになります。すなわち、持戻し免除の意思表示がある場合には、特別受益を考慮せずに遺産分割手続を進めることができます。

⑵　持戻し免除の意思表示を行う方法

持戻し免除の意思表示を行う方法は、書面や口頭などで行う方法でもよいし、明示的に持戻し免除の意思表示を行わない黙示的なものであってもよいとされています。また、意思表示の時期についても、贈与と同時であっても、事後的でもよいとされており、法律上、明確な定めはありません。

ただし、黙示の持戻し免除の意思表示は、遺産分割において紛争が生じた際に、その贈与の内容や価額、贈与がなされた経緯や当時の相続人と被相続人の関係性など、様々な事情を考慮して裁判所が判断することになります。そのため、必ず持戻し免除の意思表示が認められるというわけではありません。

そのため、特定の生前贈与について、それが特別受益と判断される可能性がある場合に、遺産分割時に相続財産への持戻し確実性を高めるためには、後日、持戻し免除の意思表示がなされたことが明確になるよう、書面で行っておくことが重要です。

⑶ 持戻し免除の推定

2019年に施行された改正相続法によって持戻し免除の推定規定が新設されました。

すなわち、婚姻期間が20年以上の配偶者間における居住用不動産の遺贈・贈与については、持戻し免除の意思表示があったものと推定されます（民法903④）。これは、配偶者の死後、残された一方の配偶者の生活保障を図ることを目的として創設された規定です。この規定が適用されることによって、遺産分割時、残された配偶者が受けた居住用不動産の遺贈・贈与は特別受益として扱われず、結果的に残された配偶者の取得する遺産の額が増額することになります。

2 具体的な遺産分割協議

本事例の場合、ＡＢＣが遺産分割協議で受け取れる財産の額はいくらになるのでしょうか。順を追ってみていきましょう。

⑴ 遺産の範囲・総額

まず、父の相続財産が2,000万円となっています。

次に、父は生前にＡに4,000万円、Ｂに2,000万円の贈与をしています。前述したように、被相続人の生前の贈与は遺産分割手続のなかでは「特別受益」として被相続人の遺産として扱われます。

しかし、Ｂに対する2,000万円の特別受益については、父がＢに対して持戻し免除の意思表示をしているため、相続財産への持戻しは行われません。

そのため、
相続財産 2,000 万円＋Ａへの贈与 4,000 万円＝ 6,000 万円
が父のみなし相続財産となります。

⑵ 一応の相続分

次に、今回の相続人は子ＡＢＣの３人なので、各々３分の１ずつ相続する権利があります。上記で算出されたみなし相続財産に、ＡＢＣの相続分を乗じた、
6,000 万円×３分の１＝ 2,000 万円
2,000 万円が、個々人が相続する「一応の相続分」となります。

⑶ 具体的相続分

ここで、Ａは 4,000 万円の特別受益を受けているので、上記の一応の相続分から控除します。一方、Ｂの受けた 2,000 万円の特別受益は、持戻し免除の意思表示がなされているので考慮しません。
Ａ：2,000 万円－ 4,000 万円＝－ 2,000 万円
Ｂ：2,000 万円
Ｃ：2,000 万円
Ａの特別受益の価額（4,000 万円）は上記で算出された 2,000 万円よりも多額であるため、Ａは原則として財産を受け取ることができません。Ａは特別受益、すなわち遺産の前渡しとしてすでに 4,000 万円を受け取っていると評価されるためです。

⑷ 超過特別受益者がいる場合の計算

上記のように、Ａの特別受益の価額は、みなし相続財産に相続分を乗じた金額を上回ってしまっています。このような特別受益を受けている人を超過特別受益者といいます。そして、相続人に超過特別受益者がいる場合には、相続財産が不足している状態です。本設問では、Ａに対する特別受益によって、相続財産が 2,000 万円不

足していることになります。

　この場合、残る相続人Ｂ及びＣが、この不足分をどのように負担するのかが問題となりますが、実務上は、具体的相続分の割合に応じて不足分を負担する、という計算方法をとっています。

　すなわち、ＢとＣの具体的相続分は２人とも 2,000 万円のため、ＢとＣの具体的相続分の割合は１：１です。そして、不足している 2,000 万円を１：１の割合で各々が負担します。

　これを計算式になおすと、

　Ｂ：2,000 万円－（2,000 万円×２分の１）＝ 1,000 万円

　Ｃ：2,000 万円－（2,000 万円×２分の１）＝ 1,000 万円

となり、設例ではＢとＣが 1,000 万円ずつ受け取ることができます。

第Ⅱ部

生前贈与に関する税務

第1章

贈与に関する令和5年度税制改正の内容

1　生前贈与の加算期間延長（暦年課税制度）

Q6　生前贈与の加算期間延長（暦年課税制度）

令和５年度税制改正において暦年課税制度についてどのような改正が行われたか教えてください。

POINT

- 暦年課税制度の計算方法に関する改正は行われていません。
- 相続税の計算において、相続開始前に暦年課税制度による贈与があった場合の相続財産に加算する生前贈与の期間が、３年から７年に延長される改正が行われました。
- 延長した４年間（相続開始前３年超７年以内）に受けた贈与については、贈与財産の合計額から100万円を控除した残額が相続財産に加算されます。

Answer & 解説

1　制度の概要

生前贈与加算とは、相続開始前一定期間に被相続人から暦年課税制度により受けた財産を相続税の課税価格に加算する制度です。詳細はQ20をご覧ください。

相続又は遺贈により財産を取得した者が一定期間に被相続人から贈与により取得した財産がある場合には、その取得した財産の価額を相続財産に足し戻して相続税を計算することになります。加算対象となる贈与は、贈与税申告の有無に関係なく、贈与税非課税の110万円以下の贈与も対象です。加算対象となる贈与財産について課せられた贈与税は相続税から控除されますので、同じ財産に対し贈与税と相続税が二重に課税されることはありません。

生前贈与加算の適用を受ける者は、被相続人から相続又は遺贈によって財産を取得した者に限られます。したがって、当該相続により財産を取得しない孫等に対する贈与は加算の対象とはなりませんが、生命保険金等のみなし相続財産を受け取る者については「相続又は遺贈により財産を取得した者」に含まれるため、生前贈与加算の適用を受けます。この生前贈与加算の適用対象者について令和5年度税制改正は入っていません。

2　改正の経緯

生前贈与加算は、生前における分割贈与による相続税負担の軽減を図ることを防止するために昭和28（1953）年に創設された制度です。加算対象期間については、制度創設時の「相続の開始前2年以内」から、「相続の開始前3年以内」に改正された昭和33

(1958) 年以来65年ぶりの改正となっています。

令和５年度税制改正では、資産の再分配機能の確保を図りつつ資産の早期の世代間移転を促進する観点から、生前贈与でも相続でもニーズに即した資産移転が行われるよう、諸外国の制度も参考にしつつ、資産移転の時期の選択により中立的な税制を構築するための見直しがされました。

3　改正の内容

(1)　加算対象期間の延長

相続開始前に暦年課税制度による贈与があった場合の相続税の課税価格に加算される生前贈与の対象期間が、資産移転の時期に対する中立性を高めるため、3年から７年に延長されます（相法19①）。

(2)　加算される財産の価額

加算対象期間に被相続人から暦年課税制度により受けた財産の価額の合計額が相続税の課税価格に加算されます。ただし、相続開始

■ 加算される贈与財産

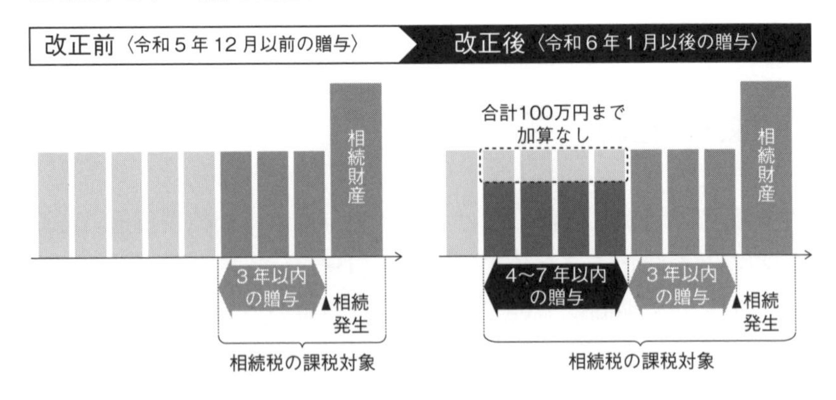

前３年超７年以内に受けた贈与については贈与財産の合計額から100万円を控除した残額が相続財産に加算されます。

贈与税と相続税の二重課税を防ぐために、加算された贈与財産の価額に対応する贈与税の額は相続税の額から控除されます。この控除額は次の算式で計算しますが、相続開始前４～７年以内の贈与についての「相続税の課税価格に加算された贈与財産額」については、100万円を控除する前の贈与財産額を基に控除額を計算します（相令４①）。

$$\text{贈与税額控除額} = \text{贈与を受けた年の贈与税額} \times \frac{\text{相続税の課税価格に加算された贈与財産額}}{\text{贈与を受けた年の贈与税の課税価格}}$$

(3) 適用時期

令和６年１月１日以後に暦年課税制度により取得する財産に係る相続税について適用されますが、令和８年12月31日以前の相続開始の場合には加算期間は３年であるため、改正の影響を受けません。相続開始日が令和９年１月以後、加算期間は順次延長され、加算期間が７年となるのは令和13年１月以降となります。

■ 改正の影響

相続開始日	加算期間	改正の影響
令和８年 12月31日まで	３年	なし
令和９年 １月１日から 令和12年 12月31日まで	**３年超～7年未満** 令和６年１月１日 以後相続開始日までの贈与	**あり** 段階的に延長
令和13年 １月１日から	**7年**	**あり**

■ 加算期間のイメージ

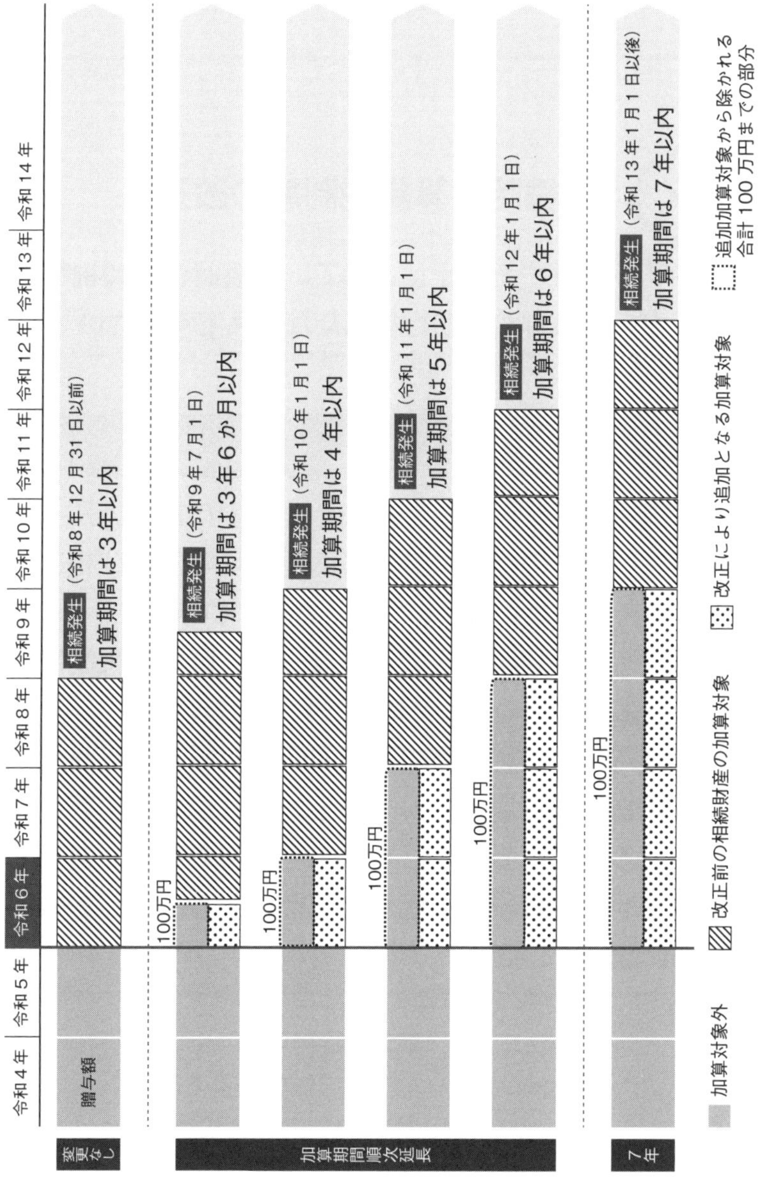

令和４年　令和５年　令和６年　令和７年　令和８年　令和９年　令和10年　令和11年　令和12年　令和13年　令和14年

変更なし
贈与額
相続発生（令和８年12月31日以前）
加算期間は３年以内

加算期間順次延長
100万円
相続発生（令和９年７月１日）
加算期間は３年６か月以内

100万円
相続発生（令和10年１月１日）
加算期間は４年以内

100万円
相続発生（令和11年１月１日）
加算期間は５年以内

100万円
相続発生（令和12年１月１日）
加算期間は６年以内

７年
100万円
相続発生（令和13年１月１日以後）
加算期間は７年以内

加算対象外　改正前の相続財産の加算対象　改正により追加となる加算対象　追加加算対象から除かれる合計100万円までの部分

2　相続時精算課税制度の改正

Q7　相続時精算課税制度の改正

令和５年度税制改正において、相続時精算課税制度についてどのような改正が行われたか教えてください。

POINT

●相続時精算課税制度を選択後も、毎年 110 万円（基礎控除）以下の贈与については贈与税申告及び相続財産への持戻しが不要という改正が行われました。

●相続時精算課税制度の基礎控除は、暦年課税制度の基礎控除とは別枠として設けられました。

●相続時精算課税制度の適用を受けた贈与財産が土地又は建物である場合に、その土地又は建物が災害により一定の被害を受けたときは、相続税の計算においてその土地又は建物の評価額を再計算することができるようになりました。

Answer & 解説

1　制度の内容

⑴　概　要

相続時精算課税制度とは、原則として60歳以上の父母又は祖父母から、18歳以上の子又は孫に対し財産を贈与した場合に選択することができる制度です。

相続時精算課税制度を選択した場合、複数年にわたる贈与財産の累計が2,500万円（特別控除額）までは贈与税を支払うことなく贈与を受けることができ、贈与財産の累計が2,500万円を超えたときに、超えた部分の金額に対して課せられる贈与税の税率は一律20%になります。

この制度の贈与者である父母又は祖父母が亡くなった時には、相続時精算課税適用者がその贈与により取得した財産を、相続又は遺贈により取得したものとみなして相続財産に加算して相続税を計算したうえで、すでに納めた贈与税を相続税から控除します。

なお、暦年課税制度による贈与とは異なり、相続税から控除しきれなかった贈与税がある場合には、控除しきれない贈与税相当額が還付されます。

そのため、同制度の選択後は生前贈与か相続かによって税負担が変わらず、資産移転の時期に中立的な課税制度といえます。詳細は**Q21～Q23**をご覧ください。

⑵　相続財産に加算する価額

相続又は遺贈により取得したものとみなして相続財産に加算する相続時精算課税制度適用財産の価額は、相続開始時の価額ではなく贈与時の価額によることとなります。相続開始時にその贈与財産の評価額が上昇又は下落していたとしても、贈与時の評価額で相続税の課税価格に加算して相続税額を計算することになります。ただし、令和５年度税制改正により、贈与財産が土地又は建物である場合において、当該土地又は建物が災害により一定の被害を受けたときは、相続税の計算において当該土地又は建物の評価額を再計算することができることとなりました。

⑶　手続き

相続時精算課税適用者については、相続又は遺贈により財産を取得しなくても相続税の納税義務が生じることとされています（相法1の3①五）。

相続時精算課税制度を選択した場合は、その年の贈与金額が累計で2,500万円に達していないため贈与税が０円となる場合であっても贈与税申告が必要です。この制度の適用を受ける最初の贈与税申告の際には、「相続時精算課税選択届出書」を受贈者の戸籍謄本などの一定の書類とともに贈与税申告書に添付して提出しなければなりません。

なお、一度この制度を選択すると、その贈与者からの贈与は、以後ずっと相続時精算課税制度によることとなり、その後に暦年課税制度に変更することはできません。そのため、相続時精算課税制度の適用を受けた年の翌年以降の贈与については少額の贈与であっても贈与税申告をしなければならず、期限内に申告書を提出しない場合には、2,500万円の特別控除を使うことができないため贈与金額の20%の贈与税を納めなければなりません。

ただし、令和５年度税制改正により年110万円以下の贈与については、後述の「相続時精算課税制度における基礎控除（年110万円)」が創設され、申告が不要になりました。

2　改正の経緯

⑴　平成15（2003）年度創設

相続時精算課税制度は、高齢化が進む中、資産移転の時期の選択に対する中立性を確保しながら高齢者の保有する資産を早い時期に次世代に移転させ、その有効活用を通じて経済社会の活性化を図る観点から、相続税・贈与税の一体化措置として平成15（2003）年1月1日以後に行われる贈与から選択することができることとなりました。

創設時のこの制度の適用対象者は、贈与者は65歳以上の親とされ、受贈者は20歳以上の子である推定相続人（代襲相続人を含む）とされていました。

⑵　平成25（2013）年度改正

平成25年度改正では、若い世代への資産の早期移転を一層促進する観点から、贈与者の対象年齢を65歳から60歳に引き下げ、また、受贈者に孫を追加することにより本制度の対象範囲の拡大が行われました。

この改正は、平成27（2015）年1月1日から施行されました。

⑶　受贈者の年齢要件の下限の引下げ

民法改正により令和4（2022）年4月から成年年齢が引き下げられたことに伴い、受贈者の年齢要件の下限を18歳以上に引き下げることとされました。

この改正は、令和4（2022）年4月1日から施行されました。

⑷　令和５（2023）年度改正

制度創設当初に比べ近年は相続時精算課税制度の利用件数が減少しており、広く利用されているとは言い難く、資産移転が進みにくい状況にあります。同制度の使い勝手を向上させ、利用を促進するために後述の「相続時精算課税制度における基礎控除（年110万円）の創設」及び、「相続時精算課税制度に係る土地又は建物の価額の特例」の措置が講じられました。

3　相続時精算課税制度における基礎控除（年110万円）の創設

相続時精算課税制度にも年110万円の基礎控除が設けられました（相法21の11の2①、措法70の3の2①）。この相続時精算課税制度に係る贈与税の基礎控除は、従来の暦年課税制度に係る贈

■ 相続税の課税価格に加算される贈与財産

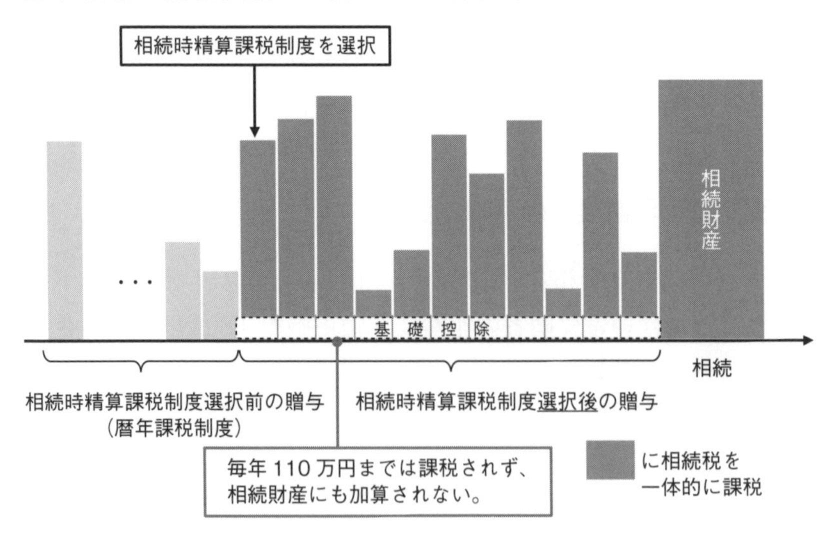

与税の基礎控除とは別枠で設けられており、暦年課税制度に係る基礎控除と相続時精算課税制度に係る基礎控除とをそれぞれ適用することができます。例えば、父から相続時精算課税制度による贈与を受け、母から暦年課税制度による贈与を受けた場合にはそれぞれの贈与に対し年110万円の基礎控除が適用されます。なお、同年中に相続時精算課税制度による贈与者が２人以上いる場合は、基礎控除を贈与額の比で各贈与者へ按分します。

これにより相続時精算課税制度の適用を受けた年の翌年以降の贈与について、贈与を受けた財産の価額が年110万円（基礎控除）以下である場合には贈与税申告が不要になりました。

ただし、適用初年度については、基礎控除以下の贈与を受けた場合に贈与税申告書の提出は不要になりますが、相続時精算課税選択届出書は提出する必要があります。

また、この制度の贈与者である父母又は祖父母が亡くなった時に相続財産に加算する贈与財産の価額は、その贈与時の価額から110万円（基礎控除額）を控除した残額となります。

4　相続時精算課税制度に係る土地又は建物の価額の特例

⑴　改正の内容（措法70の3の3①）

相続時精算課税適用者が、特定贈与者（相続時精算課税制度に係る贈与者）から贈与により取得した土地又は建物（その贈与により取得した日から災害が発生した日まで引き続き所有していた場合に限る）について、その贈与を受けた日からその特定贈与者の死亡に係る相続税申告書の提出期限までの間に災害[※1]により相当の被害[※2]を受けた場合には、相続税の課税価格への加算の基礎となるその土地又は建物の価額は、その贈与の時における価額から災害により被害を受けた部分に対応するものとして計算した金額を控除した残額とすることができます。

※1　災害とは、震災、風水害、冷害、雪害、干害、落雷、噴火その他の自然現象の異変による災害及び火災、鉱害、火薬類の爆発その他の人為による異常な災害並びに害虫、害獣その他の生物による異常な災害をいいます（措令40の5の3①）。

※2　相当の被害とは、その土地の贈与時の価額又はその建物の想定価額のうちに、その土地又は建物の被災価額の占める割合が10%以上となる被害をいいます（措令40の5の3③）。

■ 相続時精算課税制度の改正前後の比較

内容		改正前	改正後
適用要件	贈与者	60歳以上の者	同左
	受贈者	贈与者の直系卑属で18歳以上の者	
	手続き	相続時精算課税選択届出書を提出	
贈与税の計算方法		(贈与額−2,500万円※1)×一律20%	{(贈与額**−110万円**※2)−2,500万円※1}×一律20%
贈与税申告手続き		贈与の都度申告が必要（少額でも申告必要）	贈与の都度申告が必要**（贈与額が年110万円以下の場合は申告不要）**
相続財産に加算する贈与財産	対象範囲	相続時精算課税適用後のすべての贈与財産	同左 **ただし年110万円以下の贈与財産は除く**
	評価額	贈与時の評価額	同左 **ただし土地・家屋が災害により一定の被害を受けた場合は再計算**

※1　特別控除（累計2,500万円まで）
※2　基礎控除（毎年110万円）

⑵　特例の適用を受けるための手続き（措法70の3の3①、措令40の5の3⑤）

本特例の適用に係る承認を受けようとする相続時精算課税適用者は、その災害が発生した日から３年を経過する日（同日までに相続時精算課税適用者が死亡した場合には、同日とその相続の開始があったことを知った日の翌日から６月を経過する日とのいずれか遅い日）までに、災害による被害額や保険金などにより補塡される金額などの事項を記載した申請書に罹災証明書など一定の書類を添付して、その相続時精算課税適用者の贈与税の納税地の所轄税務署長に提出し、承認を受けなければなりません。

5　適用時期

令和６年１月１日以後の贈与により取得する財産に係る相続税又は贈与税、並びに同日以後に生じる災害により被害を受ける場合について適用されています。

3　教育資金一括贈与の改正

Q8　教育資金一括贈与の改正

令和５年度税制改正において、教育資金一括贈与の非課税措置についてどのような改正が行われたか教えてください。

●適用期限が３年間延長されました。
●贈与者の死亡時、贈与者の相続に係る相続税の課税価格が５億円を超えるときは、受贈者の年齢が 23 歳未満の場合であっても、贈与資金のうち教育資金として費消されていない残額は相続税の課税対象となるという改正が行われました。
●受贈者の年齢が 30 歳に達した場合の贈与税課税は一般税率で計算することとなりました。

Answer & 解説

1　制度の概要

教育資金の一括贈与の非課税措置とは、平成25（2013）年4月1日から令和8（2026）年3月31日までの間に、30歳未満の者が、直系尊属（父母や祖父母など）から教育資金に充てるために取扱金融機関との教育資金管理契約に基づいて受けた一括贈与について、一定の要件を満たせば1,500万円（学校等以外の者に支払う金銭等は500万円）までは、その贈与税が非課税となる制度です。

なお、教育資金管理契約の終了の日までの間に贈与者が死亡した場合には、一定の場合を除き、その死亡の日において贈与資金のうち教育資金として費消されていない残額は受贈者が相続又は遺贈により取得したものとみなして相続税の課税価格に加算されます。

また、受贈者が30歳に達した場合等により教育資金管理契約が終了した場合において、贈与資金のうちに教育資金として費消されていない残額があるときは、その終了の日にその残額の贈与があったものとみなして贈与税が課されます。詳細はQ26、Q27をご覧ください。

2　改正の経緯

⑴　平成25（2013）年度創設

60歳以上の世代が保有する家計資産の割合は平成元（1989）年においては約3割でしたが、平成25（2013）年にはその割合は約6割に増加し、わずか20年の間に2倍となりました。この60歳以上の世代が保有する家計資産を早期に若い世代へ移転させることにより、経済を活性化することを目的として「教育資金一括贈与に係る贈与税の非課税措置」が平成25年度の税制改正で導入されました。

経済活性化を促すためには、贈与により預金口座の名義が祖父母から子や孫に付け替わるだけでなく、贈与された資金が有効に使われることまでを視野に入れた税制措置を設ける必要がありました。

わが国の教育は、特に高等教育を中心に私学の占める割合が比較的高く、また、塾・習い事などを含めた教育費用は多額に上り、若い世代の家計の負担感が重い状況にあります。加えて、わが国の成長力・競争力の強化の観点からも教育機会の充実や人材育成は極めて重要であることから、贈与税の優遇措置を設ける必要性が高いと判断され、本特例が創設されました。

⑵ 平成27（2015）年度改正

平成27年度改正では、適用対象となる教育資金の使途の範囲に、通学定期券代、留学渡航費等が追加され、適用期限が平成31（2019）年3月31日まで延長されました。

⑶ 令和元（2019）年度改正

導入当初から指摘されていた格差の固定化につながらないよう、機会の平等の確保に注意した見直しを行ったうえで、適用期限が令和3（2021）年3月31日まで延長されました。

① 受贈者である子や孫の前年の合計所得金額が1,000万円を超える場合には非課税措置の適用対象外とする受贈者の所得要件が設けられました。

② 23歳以上の受贈者に係る教育資金の範囲からスポーツジム等への支払いが除かれました。

③ 贈与者が死亡した場合において、その贈与者から死亡前3年以内に贈与を受け、非課税措置の適用を受けているときは、その

死亡の日において贈与資金のうち教育資金として費消されていない金額のうち一定の金額を受贈者が贈与者から相続又は遺贈により取得したものとみなして、相続税の課税対象とする改正が行われました（その死亡の日において次のいずれかに該当する場合は課税対象外）。

イ　受贈者が23歳未満である場合

ロ　受贈者が学校等に在学している場合

ハ　受贈者が教育訓練給付金の支給対象となる教育訓練を受講している場合

④　受贈者が30歳に達した場合においても、学校等に在学している又は教育訓練給付金の支給対象となる教育訓練を受講しているときであれば30歳における贈与税の課税はなく、受贈者が最長40歳に達するまで贈与税の課税は延長されることとなりました。

⑷　令和３（2021）年度改正

贈与から３年を超えて相続が発生した場合に相続税の課税対象から外れることを利用した財産移転や、相続税額の２割加算の適用を受けずに孫等に財産移転を行える等の、本来の制度趣旨からはずれた節税目的の利用を是正したうえで、適用期間が２年間延長されました。

①　贈与者死亡時における相続税の課税対象拡大

贈与者が死亡した際、贈与資金のうちに教育資金として費消されていない残額がある場合、これまでは贈与者の死亡前３年以内の贈与に係る残額のみが課税対象でしたが、令和３年度改正により「３年以内」の定めはなくなり、受贈者が学校等に在学している場合等を除き、３年を超える贈与に係る残額も課税対象となりました。

②　受贈者が孫・ひ孫の場合に相続税額の２割加算の適用

被相続人の孫・ひ孫に相続税が課された場合（その孫・ひ孫が代襲相続人である場合を除く）には、相続税の２割加算の規定が適用されます。

令和３年度改正前までは、相続又は遺贈により取得したものとみなして相続税が課される教育資金の一括贈与に係る残額については、受贈者が孫・ひ孫であっても、相続税の２割加算の適用対象外となっていましたが、改正により、受贈者が孫・ひ孫の場合には、贈与者死亡時の教育資金の一括贈与に係る残額についても相続税の２割加算の適用対象となりました。

3　令和５年度改正の内容

⑴　適用期限を３年延長

令和５年度改正において、教育資金一括贈与の非課税措置の適用期限が令和５（2023）年３月31日から令和８（2026）年３月31日まで、３年間延長されました。

⑵　贈与者死亡時における相続税の課税対象拡大

①　内　容

改正前においては、贈与者の死亡時に贈与資金のうち教育資金として費消されていない残額がある場合において、受贈者が23歳未満である場合等に該当するときはその残額は相続税の課税対象外とされていました。改正後においては、受贈者が23歳未満である場合等に該当する場合であっても、贈与者に係る相続税の課税価格の合計額が５億円を超えるときは、その残額は相続税の課税の対象となります（措法70の２の２⑫・⑬）。

②　贈与者に係る相続税の課税価格の合計額

５億円を超えるかどうかの判定をするうえでの「贈与者に係る相続税の課税価格の合計額」は、その贈与者から相続又は遺贈により財産を取得したすべての者に係る相続税の課税価格の合計額をいい、相続時精算課税制度適用財産を含みます。なお、贈与資金のうち教育資金として費消していない残額を加算する前の課税価格の合計額をいいます（措法70の2の2⑬ただし書）。

「贈与者に係る相続税の課税価格の合計額」の判定に当たっては、金融機関や税務署の事務負担を勘案し、この「贈与者に係る相続税の課税価格の合計額」は、相続税申告書の提出期限から5年を経過する日までに相続税の計算の基礎となった財産の価額及び債務の金額を基準として計算することとされます（措法70の2の2⑭）。

例えば、課税価格の合計額が5億円を超えるものと計算して提出した相続税申告書について、更正の請求の特則の適用により相続税の課税価格の合計額が5億円以下となったとしても、相続税申告書の提出期限から5年を経過している場合には、贈与資金のうち教育

■ 令和5年度改正前と改正後

改正前
贈与者死亡時、贈与資金のうち教育資金として費消されていない残額がある場合には当該残額が相続税の課税対象となる。 ただし、受贈者が下記のいずれかに該当する場合は対象外 　イ　23歳未満である場合 　ロ　学校等に在学している場合 　ハ　教育訓練給付金の支給対象となる教育訓練を受講している場合
改正後
贈与者死亡時、贈与資金のうち教育資金として費消されていない残額がある場合には当該残額が相続税の課税対象となる。 ただし、受贈者が下記のいずれかに該当する場合は対象外※ 　イ　23歳未満である場合 　ロ　学校等に在学している場合 　ハ　教育訓練給付金の支給対象となる教育訓練を受講している場合 ※**贈与者の死亡に係る相続税の課税価格が5億円を超えるときは、イ～ハに該当している場合でも相続税の課税対象となる。**

資金として費消されていない残額が相続又は遺贈により取得した財産とみなされることについて変わりありません。

上記と反対の場合においても同様に、相続税申告書の提出期限から５年を超える日後に、新たに贈与資金のうち教育資金として費消されていない残額が相続又は遺贈により取得したものとみなされることはありません。

③　適用時期

令和５年４月１日以後に一括贈与された教育資金に係る贈与者に相続が発生した場合の相続税について適用されます。

⑶　契約終了時の贈与税の課税

①　内　容

受贈者の年齢が30歳に達したこと等により教育資金管理契約が終了した際に、贈与資金のうち教育資金として費消されていない残額がある場合には、その残額は贈与者からその終了の日において贈与により取得したものとみなして贈与税の課税対象となります。詳細は**Q27**の**2**をご覧ください。

改正前においては、贈与税の計算をするうえで、受贈者の年齢が18歳以上の場合は特例税率※を適用し、18歳未満の場合は一般税率を適用していました。

本特例において贈与税の課税対象となる「残額」は、教育資金管理契約の終了時までに教育資金として支出しなかったものであり、この「残額」に対する贈与税の課税に対して特例税率を適用することは、高齢者の保有する資産を若い世代に早期に移転させ、その有効活用により経済を活性化するという制度導入の趣旨に沿わないものと考えられることから、令和５年度改正において、受贈者の年齢が18歳以上であっても一般税率を適用することとされました（措法70の２の２⑰二）。

※　特例税率は、18歳以上の者が直系尊属から贈与を受けた場合に適用される税率で、一般税率よりも税率が緩やかに上がっていく仕組みとなっており、一般税率に比して贈与税額が少なくなるように設定されています。

② 適用時期

令和5年4月1日以後に一括贈与された教育資金に係る贈与税について適用されています。

4　結婚・子育て資金一括贈与の改正

Q9　結婚・子育て資金一括贈与の改正

令和５年度税制改正において、結婚・子育て資金一括贈与の非課税措置についてどのような改正が行われたか教えてください。

POINT

- 適用期限が２年間延長されました。
- 受贈者の年齢が50歳に達した場合の贈与税課税は一般税率で計算することとなりました。

Answer & 解説

1　制度の概要

結婚・子育て資金一括贈与の非課税措置とは、平成27（2015）年４月１日から令和７（2025）年３月31日までの間に、18歳以上50歳未満の者が、直系尊属（父母や祖父母など）から結婚・子育て資金に充てるために取扱金融機関との管理契約に基づいて受けた一括贈与について、一定の要件を満たせば1,000万円まで（このうち結婚関係費用については、300万円を限度）は、その贈与税が非課税となる制度です。

なお、受贈者が50歳に達する前に贈与者が死亡した場合において贈与資金のうち結婚・子育て資金として費消されていない残額があるときは、その残額については受贈者が贈与者から相続又は遺贈により取得したものとみなして相続税の課税価格に加算されます。

また、受贈者が50歳に達した場合において、贈与資金のうち結婚・子育て資金として費消されていない残額があるときは、その残額については、受贈者が50歳に達した日に贈与があったものとみなして贈与税が課されます。詳しくは**Q28**をご覧ください。

2　改正の経緯

⑴　平成27（2015）年度創設

わが国においては、家計金融資産の6割を高齢者層が有しています。その資産を早期に若年世代に移転することにより経済活性化を図るとともに、将来の経済的不安が若年層に結婚・出産を躊躇させる大きな要因の一つとなっていることを踏まえ、祖父母や両親の資産を早期に移転することを通じて、子や孫の結婚・出産・子育てを後押しすることを目的として、「結婚・子育て資金の一括贈与を受けた場合の贈与税の非課税措置」が平成27年度税制改正で導入されました。

一方で、このような贈与税の非課税措置を創設することは、他の贈与税の非課税制度とも相まって格差の固定化につながる可能性もあるため、本特例は時限措置として創設されています。

また、本特例は、教育資金の一括贈与を受けた場合の贈与税の非課税措置と異なり、相続直前の駆け込み的な贈与を助長する面もあることから、贈与者が死亡した場合にはその時点における残額について相続税の課税対象とすることとされています。

⑵　平成 28（2016）年度改正

非課税の対象となる不妊治療に要する費用に、薬局に支払われるものが含まれること等が明確化されました。

⑶　令和元（2019）年度改正

導入当初から指摘されていた格差の固定化につながらないよう、受贈者である子や孫の前年の合計所得金額が 1,000 万円を超える場合には、非課税措置の適用を受けることができないこととする受贈者の所得要件を設けて、適用期限が令和３（2021）年３月 31 日まで延長されました。

⑷　令和３（2021）年度改正

本制度を利用することで、相続税額の２割加算の適用を受けずに孫等に財産移転を行えるといった、本来の制度趣旨からはずれた節税目的での利用を是正したうえで、適用期間が２年間延長されました。

①　受贈者が孫・ひ孫の場合に相続税額の２割加算の適用

被相続人の孫・ひ孫に相続税が課された場合（その孫・ひ孫が代襲相続人である場合を除く）には、相続税の２割加算の規定が適用されます。

令和３（2021）年度改正前までは、相続又は遺贈により取得したものとみなして相続税が課される結婚・子育て資金の一括贈与に係る残額については、受贈者が孫・ひ孫であっても、相続税の２割加算の適用対象外となっていましたが、改正により、受贈者が孫・ひ孫の場合には、贈与者死亡時の結婚・子育て資金の一括贈与に係る残額についても相続税の２割加算の適用対象となりました。

②　受贈者の年齢要件の下限の引下げ

民法改正により令和４（2022）年４月から成年年齢が引き下げられたことに伴い、受贈者の年齢要件の下限を18歳以上に引き下げることとされました。

3　令和５年度改正の内容

⑴　適用期限を２年延長

令和５年度改正において、結婚・子育て資金一括贈与の非課税措置の適用期限が令和５（2023）年３月31日から令和７（2025）年３月31日まで、２年間延長されました。

⑵　契約終了時の贈与税の課税

①　内　容

受贈者の年齢が50歳に達したこと等により結婚・子育て資金管理契約が終了した際に、贈与資金のうち結婚・子育て資金として費消されていない残額がある場合には、その残額を贈与者からその終了の日において贈与により取得したものとみなして贈与税の課税対象に含めることとなります。

改正前においては、贈与税の計算をするうえで、特例税率※を適用していましたが、**Ｑ８の５**と同様の観点から、結婚・子育て資金管理契約の終了時の残額に対する贈与税の課税について特例税率を適用することは、その趣旨に沿わないものと考えられるため、令和５年度改正において一般税率を適用することとされました（措法70の２の３⑭二）。

※　特例税率は、18歳以上の者が直系尊属から贈与を受けた場合に適用される税率で、一般税率よりも税率が緩やかに上がっていく仕組みとなっ

ており、一般税率に比して贈与税額が少なくなるように設定されています。

② 適用時期

令和５年４月１日以後に一括贈与された結婚・子育て資金に係る受贈者の年齢が50歳に達した場合等における贈与税について適用されています。

第２章

贈与税の納税義務者

1　納税義務者

Q10　納税義務者

贈与税を納める義務がある人はどのような人か教えてください。

●原則として贈与により財産を取得した個人が、贈与税の納税義務者になります。

●一定の要件に該当する場合には、人格のない社団・財団や持分の定めのない法人等も個人とみなされ、贈与税の納税義務者になります。

Answer & 解説

1　原　則

贈与税は個人から個人に財産を贈与したときに課される税金です。納税義務者は、財産の贈与を受けた側（受贈者）です。受贈者が、贈与により財産を取得した年の翌年２月１日から３月15日の間に、受贈者の住所地の所轄税務署に贈与税申告をし、納税をする必要があります。

仮に、財産を渡した側（贈与者）が、贈与税を負担した場合には、その負担した贈与税額についても、贈与者から受贈者への贈与として、さらに贈与税が課されることとなります。

2　法人への贈与

なお、法人から個人への財産の贈与は、贈与税ではなく所得税が課されます。逆に、個人から法人への贈与は、原則、法人税が課されます。ただし、法人を個人とみなして贈与税を課するケースがあります。

法人を個人とみなして贈与税が課されるケースは２通りあり、ひとつは人格のない社団・財団です。もうひとつは、持分の定めのない法人です。

人格のない社団・財団に対して財産の贈与等があった場合又は設立のために財産の提供があった場合においては、その社団・財団を個人とみなして贈与税等が課されます。

人格のない社団・財団とは、法人格を持たない社団・財団で代表者又は管理者の定めのあるものをいい、代表的なものは、PTA、同窓会、町内会などです。同窓会などに個人が寄附をした場合には、同窓会を個人とみなして贈与税が課されます。

また、持分の定めのない法人についても、その法人の設立のために財産の提供があった場合や財産の贈与等があった場合に、その贈与等により贈与等をした者の親族その他これらの者と特別な関係がある者の贈与税等の負担が不当に減少する結果となると認められるときには、その持分の定めのない法人を個人とみなして、贈与税が課されます。

持分の定めのない法人とは、例えば一般社団・財団法人、学校法人、社会福祉法人、宗教法人などです。贈与者の親族等がその持分の定めのない法人の施設や資金を私的に利用するなど、法人から利益を受けている場合には、実質的には、贈与者からその親族等への贈与と同じこととなり、これに贈与税が課されないと不公平な結果となるため、その持分の定めのない法人に対して贈与税が課されます。

[2] 受贈者が外国に居住している場合

Q11 受贈者が外国に居住している場合

日本に住んでいない場合にも贈与税は課税されますか。

POINT

- 贈与により財産を取得したときに、受贈者の住所が日本国内にない場合には、国内財産のみに課税されるケースもあります。
- 贈与財産のうち、国内財産のみに課税されるか、国内国外問わずすべての財産に課税されるかは、贈与者と受贈者の贈与時の住所等によります。

Answer & 解説

1 納税義務者

贈与により日本国内にある財産を取得した場合には、受贈者が日本に住んでいない場合であっても、日本において贈与税が課されます。

さらに、贈与者の住所が日本国内にあるか否かによって、日本国内にある財産だけでなく、国外にある財産の贈与についても、日本において贈与税が課されることとなります（日本以外の国でも課税されるかは、その国の法律による）。

なお、住所とは、住民票上の住所ではなく、その人の生活の本拠であり、客観的事実によって判断することとなります。留学や海外出張などで一時的に日本国内を離れている人については、国内に住所があるものと考えられています。

2 課税される財産の範囲

国内にある財産の贈与にのみ課税されるか、国内にあるか国外にあるかを問わずすべての財産の贈与に課税されるかは、受贈者の国籍、住所地、贈与者の国籍、住所地などにより、次のように区分されます。

⑴ 居住無制限納税義務者（国内国外問わずすべての財産に課税）

贈与により財産を取得した個人で、その財産を取得したときに日本国内に住所を有するもの（一時居住者である個人については、贈与者が外国人贈与者又は非居住贈与者である場合を除く）。

⑵ 非居住無制限納税義務者（国内国外問わずすべての財産に課税）

贈与により財産を取得した個人で、その財産を取得したときに日本国内に住所を有しないもののうち、次のいずれかに該当するもの。

① 日本国籍を有する個人で、贈与前10年以内に日本国内に住所を有していたことがあるもの。

② 日本国籍を有する個人で、贈与前10年以内に日本国内に住所

を有していたことがないもの（贈与者が外国人贈与者又は非居住贈与者である場合を除く）。

③　日本国籍のない個人（贈与者が外国人贈与者又は非居住贈与者である場合を除く）。

⑶　居住制限納税義務者（国内財産のみに課税）

贈与により財産を取得した個人で、その財産を取得したときに日本国内に住所を有するもののうち、居住無制限納税義務者以外のもの。

⑷　非居住制限納税義務者（国内財産にのみ課税）

贈与により財産を取得した個人で、その財産を取得したときに日本国内に住所を有しないもののうち、非居住無制限納税義務者以外のもの。

3　用語の意義

上記2の用語の意義は、下記のとおりとなります。

⑴　一時居住者

贈与時に在留資格（出入国管理及び難民認定法別表第一の上欄の在留資格をいう）を有する者で、贈与前15年以内において日本国内に住所を有していた期間の合計が10年以下であるもの。

⑵　外国人贈与者

贈与時に、在留資格（出入国管理及び難民認定法別表第一の上欄の在留資格をいう）を有し、かつ、日本国内に住所を有していた者。

⑶　非居住贈与者

次のいずれかに該当するもの。

① 贈与時に日本国内に住所を有していなかった者で、贈与前10年以内のいずれかの時において日本国内に住所を有していたことがあるもののうち、そのいずれの時においても日本国籍を有していなかったもの。

② 贈与時に日本国内に住所を有していなかった者で、贈与前10年以内のいずれの時においても日本国内に住所を有していたことがないもの。

4　国外転出時課税

贈与者が「国外転出時課税の納税猶予の特例」の適用を受けていた場合には、原則として、贈与者は贈与前10年以内に国内に住所を有していたとみなします（Q31、Q32参照）。

5　納税管理人届出書

日本国内に住所がない人が、日本において贈与税申告をする場合には、納税管理人及び納税地を定めて、税務署に「納税管理人届出書」を提出し、納税管理人が申告・納税手続きを行います。

■ 納税義務者と課税される財産の範囲

<table>
<tr><td colspan="2" rowspan="3">受贈者
贈与者</td><td colspan="2">国内に住所あり</td><td colspan="3">国内に住所なし</td></tr>
<tr><td rowspan="2"></td><td rowspan="2">一時居住者※1</td><td colspan="2">日本国籍あり</td><td rowspan="2">日本国籍なし</td></tr>
<tr><td>10年以内に国内に住所あり</td><td>10年以内に国内に住所なし</td></tr>
<tr><td rowspan="2">国内に住所あり</td><td></td><td colspan="2">国内国外問わずすべての財産に課税</td><td colspan="3">国内国外問わずすべての財産に課税</td></tr>
<tr><td>外国人贈与者※2</td><td>（居住無制限納税義務者）</td><td>国内財産のみに課税
（居住制限納税義務者）</td><td>（非居住無制限納税義務者）</td><td colspan="2">国内財産のみに課税
（非居住制限納税義務者）</td></tr>
<tr><td rowspan="3">国内に住所なし</td><td>10年以内に国内に住所あり</td><td colspan="2">国内国外問わずすべての財産に課税</td><td colspan="3">国内国外問わずすべての財産に課税</td></tr>
<tr><td>日本国籍なし
（非居住贈与者）※3</td><td rowspan="2">（居住無制限納税義務者）</td><td rowspan="2">国内財産のみに課税
（居住制限納税義務者）</td><td rowspan="2">（非居住無制限納税義務者）</td><td colspan="2" rowspan="2">国内財産のみに課税
（非居住制限納税義務者）</td></tr>
<tr><td>10年以内に国内に住所なし
（非居住贈与者）※3</td></tr>
</table>

※1　一時居住者　贈与時に一定の在留資格を有する者で、贈与前15年以内において日本国内に住所を有していた期間の合計が10年以下であるもの

※2　外国人贈与者　贈与時に、一定の在留資格を有し、かつ、日本国内に住所を有していた者

※3　非居住贈与者　次のいずれかに該当するもの

1　贈与時に日本国内に住所を有していなかった者で、贈与前10年以内のいずれかの時において日本国内に住所を有していたことがあるもののうち、そのいずれの時においても日本国籍を有していなかったもの。

2　贈与時に日本国内に住所を有していなかった者で、贈与前10年以内のいずれの時においても日本国内に住所を有していたことがないもの。

第Ⅱ部

生前贈与に関する税務

第３章

みなし贈与財産

1　満期保険金等を受け取った場合

Q12　満期保険金等を受け取った場合

父が保険料を負担した保険が満期となり、私が満期保険金を受け取りました。この場合の課税関係を教えてください。

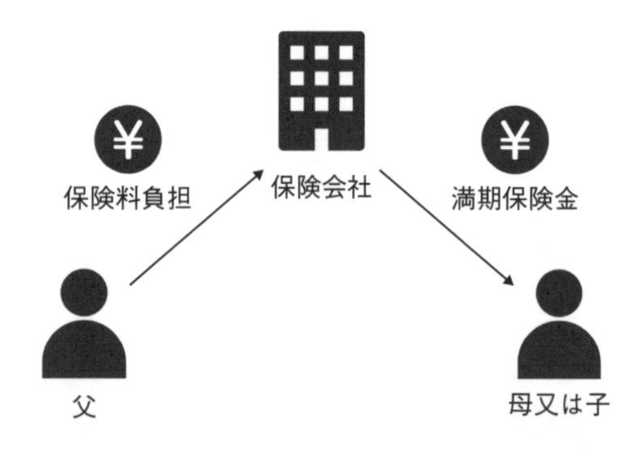

POINT

- 保険料を負担していない人が、死亡保険金、満期保険金、解約返戻金を受け取った場合には、保険料負担者からの贈与として、贈与税が課税されます。ただし、死亡保険金のうち被保険者が保険料負担者の場合には、贈与税ではなく相続税が課税されます。
- なお、保険契約者の名義変更だけでは、贈与税は課税されません。

Answer & 解説

1　満期保険金等を受け取った場合

生命保険契約では、契約者（＝保険料負担者）と保険金受取人の関係で課税関係が異なります。

まず初めに契約者（＝保険料負担者）と保険金受取人が同一のケースです。例えば、契約者（＝保険料負担者）が父、満期保険金受取人も父である場合は、父に対して所得税（一時所得）が課税されることとなります。

次に契約者（＝保険料負担者）と保険金受取人が違うケース（本ケース）です。本ケースのように、契約者（＝保険料負担者）が父、満期保険金受取人が母又は子である場合は、母又は子に対して贈与税が課税されることとなります。これは、生命保険契約の保険事故が発生し、返戻金等の取得があった場合において、これらの契約に係る保険料が保険金受取人以外の者によって負担されたものであるときは、これらの保険事故が発生した時において、保険金受取人が、その取得した保険金を、当該保険料を負担した者から贈与により取得したものとみなすとされているからです（相法５①・②）。

なお「生命保険契約の保険事故」とは、生命保険会社と締結した保険契約（これに類する共済に係る契約を含む）で、被保険者が死亡すること又は被保険者が保険契約の満期日に生存していることにより保険金支給義務が発生することをいいます。このうち、被保険者が死亡することにより取得した死亡保険金で、被保険者が保険料負担者である場合は、死亡保険金受取人に対して相続税が課税されることとなります。また、保険料負担者は必ずしも保険の契約者と一致するわけではありません。契約者が誰であるかにかかわらず、あくまで実際に保険料を負担した人が誰であるかが重要となります。これは、満期保険金や解約返戻金を受け取る場合においても同様です。

以下は、契約形態別に一般的な課税関係をまとめた表です。

したがって、本ケースでは、父が保険料を負担している保険の満期保険金を父以外の者（母又は子）が受け取った場合には、その保険金受取人（母又は子）が、父より、その受け取った満期保険金の金額を、贈与により取得したとみなして贈与税が課税されることと

■ 課税関係の表

契約者	保険料負担者	被保険者	受取人	保険事故等	課税関係
父	父	父	父	満期	父の一時所得
			母又は子		母又は子に贈与税
			母又は子	父の死亡	母又は子に相続税
		母	父	満期	父の一時所得
				母の死亡	
			母	満期	母に贈与税
			子	満期	子に贈与税
				母の死亡	子に贈与税
母	父	父	父	満期	父の一時所得
			母又は子		母又は子に贈与税
			母又は子	父の死亡	母又は子に相続税
		母	父	満期	父の一時所得
				母の死亡	
			母	満期	母に贈与税
			子	満期	子に贈与税
				母の死亡	子に贈与税

なります。

2　保険契約者の名義変更をした場合

保険契約者ではなく、保険料負担者が誰であったかにより課税関係を整理しているため、保険契約者の名義変更だけ行った場合には、その時点で贈与税が課税されることはありません。

2 低い価額で財産を譲り受けた場合

Q13 低い価額で財産を譲り受けた場合

父が所有している土地を時価よりも低い価額で譲り受けました。この場合の私の課税関係を教えてください。

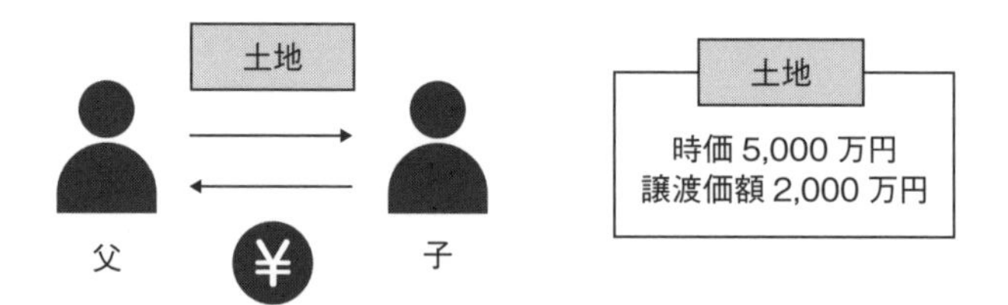

POINT

- 個人から著しく低い価額で財産を譲り受けた場合には、その財産の時価と支払った対価との差額を、贈与により取得したものとみなし、贈与税が課税されます。
- 著しく低い価額であるかどうかは、個々の具体的な事案に基づき判定することとなります。
- なお、土地の場合の時価とは通常の取引価額のことを指します。

Answer & 解説

「著しく低い価額の対価で財産の譲渡を受けた場合においては、当該財産の譲渡があつた時において、当該財産の譲渡を受けた者が、当該対価と当該譲渡があつた時における当該財産の時価との差額に相当する金額を当該財産を譲渡した者から贈与により取得したものとみなす」とされています（相法7）。

この場合の「著しく低い価額」に該当するかどうかは、個々の取引についての取引の事情、取引当事者間の関係等を総合的に判断することとなります。

なお、不動産の場合の時価とは通常の取引価額のことをいいますが、算定方法は定められていませんので、不動産鑑定評価額や売買実例価額等の価額が考えられます。

今回、親族間の譲渡であり、かつ、時価5,000万円の土地を2,000万円で譲渡しているため、著しく低い価額に該当すると考えられ、子が、時価と譲渡価額の差額3,000万円を、父より、贈与により取得したとみなして、贈与税が課税されることとなります。

3　債務免除等を受けた場合

Q14　債務免除等を受けた場合

借りていたお金が返済できなくなり、父に肩代わりしてもらいました。この場合、子に贈与税が課税されますか。

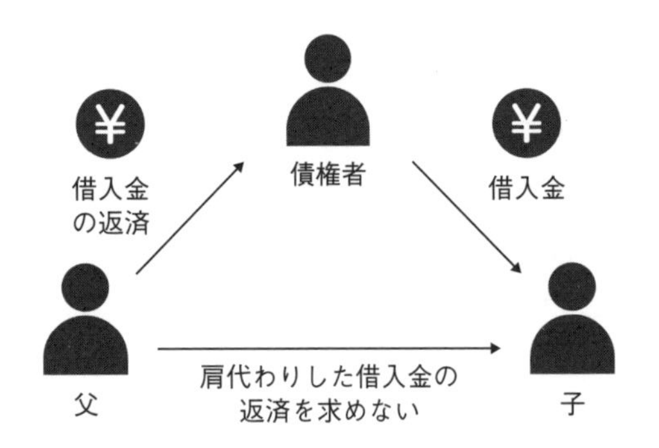

POINT

- 原則、贈与として贈与税が課税されます。
- ただし、債務者が資力を喪失して債務を弁済することが困難な場合には、贈与税の課税対象とならないケースもあります。

Answer & 解説

1　原則的な取扱い

「対価を支払わないで、又は著しく低い価額の対価で債務の免除、引受け又は第三者のためにする債務の弁済による利益を受けた場合においては、当該債務の免除、引受け又は弁済があつた時において、当該債務の免除、引受け又は弁済による利益を受けた者が、当該債務の免除、引受け又は弁済に係る債務の金額に相当する金額（対価の支払があつた場合には、その価額を控除した金額）を当該債務の免除、引受け又は弁済をした者から贈与により取得したものとみなす」とされています（相法８）。

今回、通常、借りていたお金を返済するのは、お金を借りていた当事者である子ですが、実際に借りているお金を返済したのは子の父になります。したがって、子は対価を支払わないで、債務の弁済による利益を受けたので、子が、弁済に係る債務の金額（肩代わりしてもらった金額）を、父より、贈与により取得したとみなして、贈与税が課税されることになります。

2　債務を弁済することが困難な場合

ただし、当該債務の免除、引受け又は弁済が次の各号のいずれかに該当する場合は、その贈与又は遺贈により取得したものとみなされた金額のうちその債務を弁済することが困難である部分の金額については、この限りでないとされています（相法８ただし書）。

① 債務者が資力を喪失して債務を弁済することが困難である場合において、当該債務の全部又は一部の免除を受けたとき。

② 債務者が資力を喪失して債務を弁済することが困難である場合

において、その債務者の扶養義務者によって当該債務の全部又は一部の引受け又は弁済がなされたとき。

このように、債務者が資力を喪失して債務を弁済することが困難である場合には、債務を弁済することが困難である部分を限度として、贈与税の課税対象から除外することとされています。これは、債務の免除、引受け又は弁済は、債務者が資力を喪失したためにやむを得ず行われることが多く、そのような場合にも、贈与とみなして贈与税を課税することは適当ではないと考えられるためです。

ここでいう「資力を喪失して債務を弁済することが困難である場合」とは、その者の債務の金額が積極財産を超えるときのように社会通念上支払不能（破産手続開始の原因となる程度に至らないものを含む）と認められる場合をいうとされています（相基通７－４）。

なお、資力を喪失しているか否かの判断について、過去の裁決では「債務者が債務免除を受けた時点において債務超過であったか否かによることが相当である」とし、この場合の債務者の財産の価額又は債務額は、債務免除があった時の時価によるのが相当であると解されています。この裁決でも、請求人（本裁決では返還義務の免除を受けた者）の返還義務の免除時点での財産債務額の状況は財産超過となっていたことから、資力を喪失していたとは認められず、返還義務相当額を贈与により取得したとみなされて、贈与税が課税されています。

ただし、上記①に規定する「債務の免除」には、扶養義務者以外の者が債務の免除をした場合も含まれますが、上記②に規定する「債務の引受け又は弁済」は、扶養義務者によってされた場合に限られていることに注意する必要があります。

4 その他の利益の享受

Q15 夫婦で住宅を購入する場合

住宅を購入しましたが、購入資金を負担したのは、夫のみです。妻との共有登記にすることはできるのでしょうか。

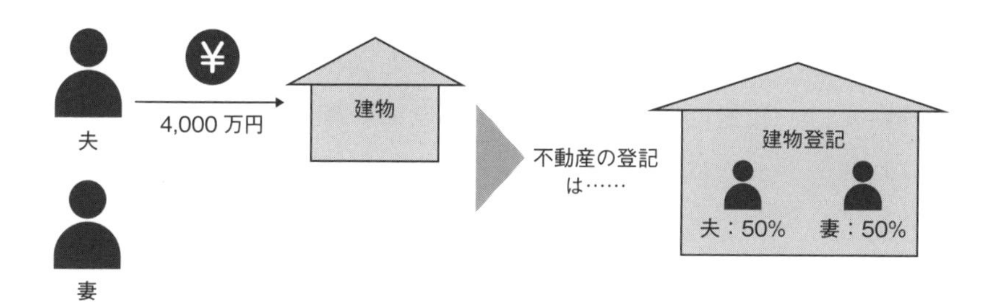

POINT

- 購入資金の負担割合で所有権登記をしなければ、夫から妻への贈与として贈与税が課税されます。
- 逆に、夫婦で購入資金を負担したのに、夫のみの名義で登記をした場合には、妻から夫への贈与として贈与税が課税されます。

Answer & 解説

1　夫が全額購入資金を負担した場合

「対価を支払わないで、又は著しく低い価額の対価で利益を受けた場合においては、当該利益を受けた時において、当該利益を受けた者が、当該利益を受けた時における当該利益の価額に相当する金額（対価の支払があつた場合には、その価額を控除した金額）を当該利益を受けさせた者から贈与により取得したものとみなす」とされています（相法９）。

法律的には贈与により取得した財産でなくても、その取得した事実によって実質的に贈与により取得したと同様の経済的効果が生ずる場合には、租税回避行為を防止するため、税負担の公平の観点から、経済的利益の価額に相当する金額を贈与により取得したものとみなして、贈与税を課税することとしています。

ここでいう「利益を受けた」とは、おおむね利益を受けた者の財産の増加又は債務の減少があった場合等をいい、労務の提供等を受けたような場合は、これに含まないものとするとされています（相基通９－１）。

例えば、夫婦で住宅を購入するとき、その購入資金を１人（夫または妻単独）で負担するケースや、夫婦共同で負担するケースが考えられます。その場合、実際の購入資金の負担割合と所有権登記の持分割合が異なっている場合には、贈与税の問題が生ずることとなります。

今回、総額4,000万円の住宅を購入し、夫が全額購入資金を負担しています。仮に所有権の登記を夫と妻それぞれの持分を２分の１ずつとした場合を考えてみます。この場合、夫と妻の所有権は登記持分の２分の１ずつなので、4,000万円の２分の１である2,000

万円が夫と妻それぞれの所有権登記の持分相当額となります。しかし、購入のための資金4,000万円は夫が負担しており、妻が負担した金額は0円ですので、妻からしてみれば差額2,000万円（持分相当額2,000万円－負担した購入資金0円＝2,000万円）の利益を受けていることとなります。したがって、この場合には、妻が、利益を受けた金額2,000万円を、夫から、贈与により取得したものとみなして、贈与税が課税されることになります。なお、住宅購入資金の負担割合どおりに所有権登記を行う場合（今回のケースでは、所有権登記の持分すべてを夫名義で行う場合）には、贈与税の問題は生じないこととなります。

2　夫婦で購入資金を負担した場合

上記1のケースとは異なり、総額4,000万円の住宅を購入し、今回は、夫と妻が半分ずつ（2,000万円ずつ）購入資金を負担したと仮定します。この場合、所有権の登記を夫のみとした場合は、夫の所有権は登記持分すべてなので、4,000万円が所有権登記の持分相当額となります。しかし、購入のための資金の半分は妻が負担していますので、夫からしてみれば差額2,000万円（持分相当額4,000万円－負担した購入資金2,000万円＝2,000万円）の利益

■図1　夫婦で購入資金を負担し、登記は単独で行うケース

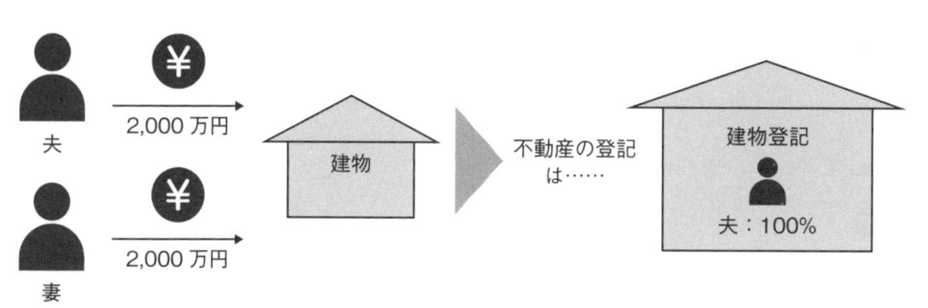

を受けていることとなります。したがって、この場合には、夫が、利益を受けた金額2,000万円を、妻から、贈与により取得したものとみなして、贈与税が課税されることになります。

3　子名義の建物に親が増改築した場合

他にもよくあるケースとして、子名義の建物に親が増改築工事の資金を負担するケースがあります（**図2**参照）。

増改築工事を行った場合、基本的に増改築部分は建物の所有者（子）の所有物となります。そのため、子が親に対して負担してもらった増改築工事の資金を支払わない場合は、子は親から増改築資金相当額の利益を受けたものとして、贈与税が課税されることになります。

ただし、親が負担した増改築資金に相当する建物の持分を子から親へ移転させた場合は、贈与税は課税されないこととなりますが、子に所得税（譲渡所得税）が課税されることとなります。

例えば、建物の価値が1,000万円、増改築工事が1,000万円と仮定し、その後、増改築相当額（この場合、増改築後の建物の価値

■図2　親が資金を負担するケース

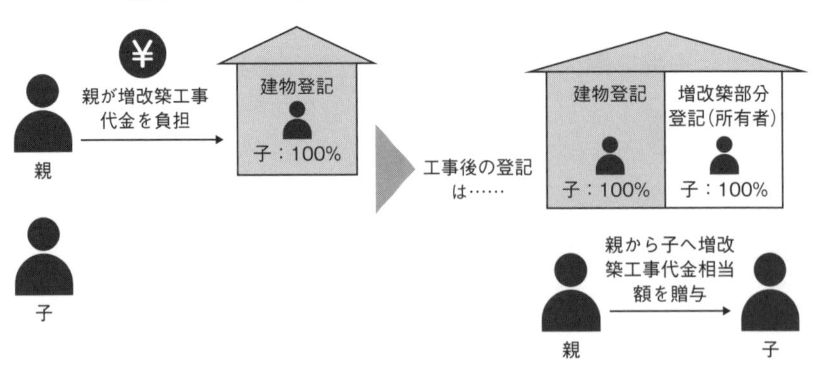

が 2,000 万円になるため、2,000 万円× 50%=1,000 万円）の持分を子から親に移転した場合には、贈与税は課税されませんが子から親に持分を譲渡したものとして、子の譲渡所得税の対象となります。

■図３　増改築資金相当額の持分を譲渡するケース

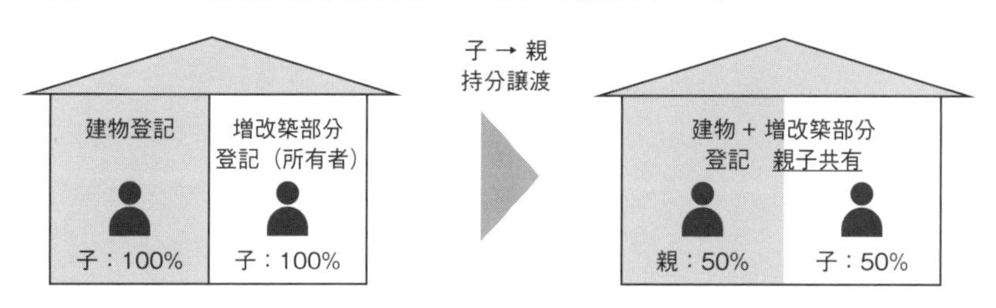

第Ⅱ部

生前贈与に関する税務

第４章

贈与税の非課税財産

1　贈与税の非課税制度

贈与税の非課税制度

贈与税の非課税財産について、教えてください。

POINT

●贈与税は原則、贈与を受けたすべての財産に課税されますが、財産の性質や贈与の目的などからみて、贈与税が課税されない財産もあります。
●贈与税の非課税措置の特例として、住宅取得等資金の贈与、教育資金の一括贈与、結婚・子育て資金の一括贈与があります。

Answer & 解説

1　贈与税の非課税財産

本来、贈与により取得した財産はすべて贈与税の対象となりますが、公益性や国民感情、社会政策的見地等を考慮して贈与税の対象とならない財産があります。贈与税の対象とならない財産は下記の通りです。

① 法人からの贈与により取得した財産
② 扶養義務者から生活費又は教育費として贈与を受けた財産
③ 公益事業用財産
④ 一定の特定公益信託から交付を受ける金品
⑤ 心身障害者共済制度に基づく給付金の受給権
⑥ 公職選挙の候補者が贈与により取得した財産
⑦ 特定障害者扶養信託契約に基づく信託受益権
⑧ 社交上必要と認められる香典・祝物・見舞金等
⑨ 相続開始の年に被相続人から贈与を受けた財産
⑩ 離婚による財産分与

次に上記財産の詳細についてみていきます。

(1) 法人からの贈与により取得した財産（相法21の3①一）

贈与税は相続税の補完税という性格のため、相続が起こり得ない法人については、法人から個人への財産移転があったとしても、贈与税は課税されません。ただし、財産取得者には所得税が課されます。

(2) 扶養義務者から生活費又は教育費として贈与を受けた財産（相法21の3①二）

扶養義務者の間で行った生活費や教育費の贈与で、必要な都度贈与されるものは、贈与税は課税されません。これらの費用に充てるための財産を贈与により取得しても担税力が生じないこと、また、この贈与の当事者の人間関係などの面からみても贈与税の課税の対象とすることは適当でないためです。詳細はQ17をご参照ください。

⑶　公益事業用財産（相法21の3①三）

宗教、慈善、学術その他公益を目的とする事業を行う者で一定の要件に該当するものが贈与により取得した財産で、その公益を目的とする事業の用に供することが確実なものについては贈与税が課税されません。これらの財産は、民間公益事業の特殊性及びその保護育成を図る見地から、相続税の場合と同様に贈与税についても課税の対象とすることは適当でないためです。

ただし、贈与により取得した財産を、その取得した日から２年を経過した日において、なお公益を目的とする事業の用に供していないとき又は公益を目的とする事業の用に供しなくなったときは、その財産については、贈与税の課税の対象となります。

⑷　一定の特定公益信託から交付を受ける金品（相法21の3①四）

一定の特定公益信託で財務大臣が指定する学術に関する顕著な貢献を表彰するもの若しくは顕著な価値がある学術に関する研究を奨励するものから交付を受ける金品で財務大臣の指定するもの又は学生若しくは生徒に対する学資の支給を行うことを目的とするものから交付を受ける金品は、贈与税は課税されません。

⑸　心身障害者共済制度に基づく給付金の受給権（相法21の3①五）

精神若しくは身体に障害のある者又はその者を扶養する者が条例の規定により地方公共団体が精神又は身体に障害がある者に関して実施する一定の共済制度に基づいて支給される給付金を受ける権利を取得した場合は、贈与税は課税されません。

⑹　公職選挙の候補者が贈与により取得した財産（相法21の3①六）

公職選挙法の適用を受ける選挙における公職の候補者が選挙運動に関与し贈与により取得した金銭その他の財産上の利益で公職選挙法の規定による報告がなされたものは、贈与税は課税されません。

⑺　特定障害者扶養信託契約に基づく信託受益権（相法21の4）

特定障害者（特別障害者及び一定の障害者）が、特定障害者扶養信託に基づく信託受益権を取得した場合には、その信託の際に「障害者非課税信託申告書」を信託会社の営業所を経由して特定障害者の納税地の所轄税務署長に提出することにより、信託受益権の価額のうち6,000万円（特別障害者以外の者は3,000万円）までの金額については、贈与税は課税されません。

なお、制限納税義務者及び非居住無制限納税義務者については、この非課税制度の適用はありません。

⑻　社交上必要と認められる香典・祝物・見舞金等（相基通21の3－9）

個人から受ける香典、花輪代、年末年始の贈答、祝物又は見舞い等のための金品で、法律上贈与に該当するものであっても、社交上の必要によるもので贈与者と受贈者との関係等に照らして社会通念上相当と認められるものについては、贈与税を課税しないことに取り扱うものとすると定められています（相基通21の3－9）。

社交上必要と認められる香典等は、社会的相互扶助あるいは儀礼的な性格のものであり、国民感情の面からみても贈与税を課税するのは適当でないためです。

なお、所得税についても贈与税同様、課税されません。

⑼　相続開始の年に被相続人から贈与を受けた財産（相法 21 の 2④）

相続又は遺贈により財産を取得した者が、相続開始の年にその相続に係る被相続人から贈与により取得した財産で相続税の対象となるものについては、贈与税は課税されません。

⑽　離婚による財産分与（相基通９－８）

婚姻の取消し又は離婚による財産の分与によって取得した財産については、贈与により取得した財産とはならないこととされています（相基通９－８）。

これは、財産分与が①婚姻中に夫婦が協力して蓄積した財産の清算、②離婚後において生活に困窮する配偶者に対する扶養、③有責配偶者の相手方配偶者に対する慰謝料などの性質があり、離婚によって生じた財産分与請求権に基づいて支給されるものであって、贈与により取得するものではないためです。

ただし、その分与に係る財産の額が婚姻中の夫婦の協力によって得た財産の額その他一切の事情を考慮してもなお過当であると認められる場合又は離婚を手段として贈与税若しくは相続税を免れると認められる場合における当該離婚により取得した財産の価額は、贈与によって取得したものとされ、贈与税が課されます（相基通９－８ただし書）。

なお、この財産分与が土地や建物等、譲渡所得の対象となるもので行われたときは、分与した者に所得税（譲渡所得）が課されます。

2　贈与税の非課税措置の特例

贈与税の非課税措置として、上記**1**とは別の制度で「住宅取得等資金の贈与、教育資金の一括贈与、結婚・子育て資金の一括贈与」の制度があります。また、贈与税の非課税措置ではありませんが、贈与税が軽減できる制度として「贈与税の配偶者控除」の制度があります。住宅取得等資金の贈与の制度は**Q25**、教育資金の一括贈与の制度は**Q26**、結婚・子育て資金の一括贈与の制度は**Q28**、贈与税の配偶者控除の制度は**Q24**をご参照ください。

（注）令和６年度税制改正により、今後の公益信託制度の改正に伴い、公益信託から受ける財産について贈与税が非課税になります。

2　扶養義務者からの贈与

Q17　扶養義務者からの贈与

扶養義務者相互間の贈与について、もう少し詳しく教えてください。

POINT

- 夫婦や親子などの扶養義務者からの生活費や教育費の贈与のうち、通常必要と認められるものには、贈与税は課税されません。
- 贈与税が課税されない財産は、生活費や教育費として必要な都度直接これらに充てるためのものに限られます。

Answer & 解説

1　扶養義務者相互間の贈与の取扱い

各用語の意義は次の通りです。

⑴　扶養義務者

「扶養義務者」とは、配偶者並びに民法877条（扶養義務者）の規定による直系血族及び兄弟姉妹並びに家庭裁判所の審判を受けて扶養義務者となった三親等内の親族をいいますが、これらの者のほか三親等内の親族で生計を一にする者については、家庭裁判所の審判がない場合であってもこれに含まれます（相基通1の2－1）。

なお、扶養義務者に該当するかどうかは、贈与時の状況により判断します。

⑵　生活費及び教育費

「生活費」とは、その者の通常の日常生活を営むのに必要な費用（教育費を除く）をいい、治療費、養育費その他これらに準ずるもの（保険金又は損害賠償金により補てんされる部分の金額を除く）とされています（相基通21の3－3）。

具体的にどの程度のものまでが生活費として認められるかは一律に定められていませんが、その者その者の個々の事情に即して社会通念に従って判断する必要があります。

次に教育費ですが、「教育費」とは、被扶養者の教育上通常必要と認められる学資、教材費、文具費等をいい、義務教育費に限られません（相基通21の3－4）。

ここでも教育費の範囲がどういうものかが問題となりますが、義務教育費に限らないため、幼稚園や高校、大学、各種学校等も含まれることとなります。他にも、教育上、通常必要な通学のための交通費、学級費、修学旅行参加費もここでいう教育費の対象になります。

⑶　通常必要と認められるもの

「通常必要と認められるもの」は、被扶養者の需要と扶養者の資力その他一切の事情を勘案して社会通念上適当と認められる範囲の財産をいうものとするとされています（相基通21の3－6）。

ここでも具体的な範囲が一律に定められていませんので、贈与を受けた者（被扶養者）の需要と贈与をした者（扶養者）の資力等個々の事情に即して社会通念に従って判断する必要があります。

以上が各用語の意義ですが、具体的な範囲等が明確に定められていないため、各基準や判断については、各家庭の事情等により異なってきます。ただし、この贈与税がかからない贈与は、「必要な都度」、「必要な金額」の贈与であることが前提となりますので、詳しくは次の**2**をご参照ください。

2　非課税財産は、必要な都度直接充てるためのものに限る

上記**1**でも説明したように、あくまで贈与税が課税されない贈与として、「必要な都度」、「必要な金額」の贈与であることが前提となります。

非課税とされるものは、「生活費又は教育費に充てるために」した贈与であり、かつ、「通常必要と認められるもの」に限られ、さらに「生活費又は教育費に充てることを直接の目的として必要な都度なされるもの」であるため、実際に贈与により受け取った金銭等を生活費や教育費に直接充てるものでなければなりません。

そのため、生活費又は教育費の名義で取得した財産を預貯金した場合又は株式の買入代金若しくは家屋の買入代金に充当したような場合における当該預貯金又は買入代金等の金額は、通常必要と認められるもの以外のものとして取り扱われます（相基通21の3－5したがって書）。例えば、数年間分の生活費又は教育費を「一括」して贈与を受けた場合において、その財産が生活費や教育費に充てられず、預貯金となっている場合は、その生活費又は教育費に充て

られなかった部分については贈与税の課税の対象となるため、こちらも注意が必要となります。

第Ⅱ部

生前贈与に関する税務

第5章

暦年課税制度

Q18 贈与税の申告方法

贈与を受けた時の申告方法を教えてください。

POINT

●贈与税の申告方法には暦年課税制度と相続時精算課税制度の２つの申告方法があります。
●暦年課税制度を選択する場合には手続きはありませんが、相続時精算課税制度を選択する場合には手続きが必要になります。
●贈与者が亡くなった年に贈与を受けていた場合には、贈与税ではなく相続税の申告となる場合があります。

Answer & 解説

1　申告方法

贈与税は、受贈者・贈与者ごとに申告方法を選択することができ、暦年課税制度と相続時精算課税制度の２つの申告方法があります。

暦年課税制度とは、１月１日から 12 月 31 日の１年間に贈与を受けた財産の合計を基に贈与税額を計算する方式です。基礎控除額 110 万円があるため、110 万円を超える贈与を受けた人は贈与税の申告をする必要があります。

相続時精算課税制度は、１月１日において 60 歳以上の直系尊属

（父母や祖父母など）から18歳以上の直系卑属（子や孫など）が贈与を受けた場合に選択できる方式で、1年間の贈与額から2,500万円の特別控除額（前年以前において、すでにこの特別控除額を控除している場合は、残額が限度額）を控除した後の金額に20％を乗じて贈与税額を計算する方式です。

贈与税の申告期限は贈与を受けた年の翌年3月15日になります。ただし、贈与を受けた年の翌年1月1日から3月15日までに、申告書等を提出すべき者が納税管理人の届出をせずに国内に住所及び居所を有しないこととなるときは、その住所等を有しないこととなる日までに申告書を提出する必要があります（相法28）。

暦年課税制度で贈与税申告をする場合には、申告期限までに贈与税申告書の提出と納税をします。ただし、特例税率（詳細は**Q19**参照）の適用を受ける場合には、受贈者の戸籍謄本等を添付する必要があります。また、相続時精算課税制度を選択する場合には、贈与税の申告書を提出する際に、相続時精算課税選択届出書、受贈者の戸籍謄本等の書類で氏名・生年月日・贈与者の直系卑属に該当することを証明する書類も提出する必要があります。

相続時精算課税制度は贈与者ごとに選択することができますが、一度選択すればその贈与者からの贈与は暦年課税制度では申告納税することができなくなります。

2　贈与者・受贈者が亡くなった場合の手続き

暦年課税制度においては、贈与者が亡くなった時に受贈者がその贈与者から相続又は遺贈により財産を取得したかどうかで手続きが異なります。

まず、受贈者が相続又は遺贈により財産を取得した人であれば、贈与者が亡くなった年の贈与も含めて、その亡くなった贈与者からの相続開始前3年以内（死亡の日からさかのぼって3年前の日から死亡の日までの間）に暦年課税に係る贈与によって取得した財産を、その人の相続税の課税価格に贈与を受けた財産の贈与の時の価額を加算して相続税申告をすることになり、贈与者が亡くなった年に係る贈与税申告は不要となります。

一方、受贈者がその亡くなった贈与者から相続又は遺贈により財産を取得しなかった場合には、相続税申告をする必要がないため、その贈与を受けた年の翌年3月15日までに贈与税申告をする必要があります。

ただし、住宅取得等資金贈与の非課税の特例の適用を受ける場合には、相続等により財産を取得したかどうかにかかわらず、贈与を受けた年の翌年3月15日までに非課税の適用を受ける旨の贈与税申告をする必要があります（措通70の2－14)。

相続時精算課税制度を受けている場合には、贈与を受けた時期・相続で財産を取得したかどうかにかかわらず、その亡くなった贈与者の相続税の課税価格に過去相続時精算課税制度で受けた財産の贈与時の価額をすべて加算して、相続税申告をする必要があります。

この贈与者が亡くなった場合の生前贈与加算は、令和5年度税制改正により、令和6年1月1日以後に贈与を受けた財産について、暦年課税制度は相続開始前3年以内の加算期間が7年以内に延長され、相続時精算課税制度は新設された基礎控除額110万円が相続税の課税価格に加算されないこととなりました（詳細は**Q6**、**Q7**を参照)。

また、受贈者が死亡した場合には、その受贈者の相続人（包括受遺者を含む）がその受贈者が亡くなったことを知った日の翌日から10か月以内に、亡くなった受贈者に代わり、贈与税の申告書等を提出する必要があります。

3 納 税

贈与税の納税は、申告期限までに、原則として金銭で一括納付をする必要があります。

ただし、金銭で一括納付することができない場合には、一定の金額について延納できる制度が設けられています。延納をする場合には、贈与税の納期限までに申請書と担保を提出して、税務署長に許可を受ける必要があります。

4　暦年課税制度と相続時精算課税制度の比較表（令和６年１月１日以後）

<table>
<tr><th colspan="2">①暦年課税制度</th><th rowspan="2">←選択制→</th><th rowspan="2">②相続時精算課税制度</th></tr>
<tr><th>一般贈与</th><th>特例贈与</th></tr>
<tr><td>誰でも可</td><td>受贈者の直系尊属</td><td>贈与者</td><td>60歳以上の者（特定贈与者）※1</td></tr>
<tr><td>誰でも可</td><td>18歳以上の者※1</td><td>受贈者</td><td>18歳以上の直系卑属※1，2</td></tr>
<tr><td colspan="2">不要</td><td>届出書</td><td>相続時精算課税選択届出書</td></tr>
<tr><td colspan="2">基礎控除：年間110万円
（受贈者ごと）</td><td>控除額</td><td>①基礎控除：年間110万円
（受贈者ごと）
②特別控除：累積2,500万円
（特定贈与者ごと、
複数年にわたることも可）</td></tr>
<tr><td>10%～55%の
超過累進税率</td><td>10%～55%の
超過累進税率
（一般税率より
累進緩和）</td><td>税率</td><td>一律20%</td></tr>
<tr><td colspan="2">基礎控除（年間110万円）以下の
場合は申告不要</td><td>贈与税の申告</td><td>基礎控除（年間110万円）以下の
場合は、申告不要
ただし、適用初年度は「相続時精算
課税選択届出書」の提出が必要</td></tr>
<tr><td colspan="2">①相続開始前７年以内の贈与財産
（贈与時の相続税評価額）のみ
相続財産に加算

②３年超７年以内の贈与は
合計100万円まで加算なし</td><td rowspan="3">贈与者の
相続時</td><td>相続時精算課税制度を適用した
すべての贈与財産
（贈与時の相続税評価額※3を
相続財産に加算</td></tr>
<tr><td colspan="2">基礎控除部分（年間110万円まで）
も相続財産に加算あり</td><td>基礎控除部分（年間110万円まで）
は相続財産に加算なし</td></tr>
<tr><td colspan="2">納付済の贈与税額を差し引いて
相続税の納付額を計算（還付なし）</td><td>納付済の贈与税額を差し引いて
相続税の納付額を計算（還付あり）</td></tr>
</table>

※１　年齢は贈与のあった年の１月１日における年齢。

※２　非上場株式の納税猶予特例、個人の事業用資産の納税猶予特例の適用を受ける場合には、18歳以上の直系卑属以外の者も対象。

※３　土地・建物が災害により一定の被害を受けた場合は再計算あり。

暦年課税制度

Q19 暦年課税制度の申告方法

暦年課税制度の贈与税の計算・申告方法を教えてください。

POINT

- 暦年課税制度には年間 110 万円の基礎控除があります。
- 1月1日から 12月31日までに基礎控除を超える贈与を受けた場合には、翌年2月1日から3月15日までに贈与税申告書を提出し、納税をする必要があります。
- 贈与税の税率は 10%～55%までの累進税率になります。

Answer & 解説

1 概 要

贈与税を暦年課税制度で申告する人は、1月1日から12月31

日までの間に110万円を超える贈与を受けた場合には、贈与を受けた年の翌年2月1日から3月15日までに贈与税申告書を提出し、贈与税を納税する必要があります。

暦年課税制度は10%から55%の税率による累進課税となっていますが、税率には一般税率と特例税率の2つの税率があります。

特例税率は、直系尊属（父母や祖父母）から贈与を受けた人が、その贈与を受けた年の1月1日時点で18歳以上の場合に適用することができる税率で、一般税率よりも優遇された税率になっています。

税率は要件を満たせば自動的に選択されますが、基礎控除後の課税価格が300万円を超えるとき（410万円超の贈与を受けたとき）に、特例税率の適用を初めて受ける場合には、受贈者の戸籍謄本等の書類で、氏名・生年月日・贈与者の直系卑属に該当することを証明する書類を贈与税の申告書とともに提出する必要があります。過去に特例税率の適用を受けるためにこれらの書類を提出したことがある場合には、申告書第一表の過去の贈与税の申告状況欄にその提出した年分及び税務署名を記載すれば、改めて提出する必要はありません（措規23の5の5）。

2　税率と計算方法

暦年課税制度による贈与税額の計算は、贈与を受けた額から基礎控除額（110万円）を差し引いた後の課税価格に税率を乗じて計算します。

贈与税の計算は受贈者ごとに1年間に贈与を受けた額を基に計算しますので、受贈者が複数人から・複数回の贈与を受けた場合には、それぞれの人から贈与を受けた額を合計した額から基礎控除額を差し引いて課税価格を計算します（例1）。

また、同年中に一般税率の対象となる贈与（叔父からの贈与など）と特例税率による贈与（父からの贈与など）があった場合には、それぞれの税率ごとに贈与税を計算し、税率ごとの贈与税を合計した金額が納付すべき贈与税額となります（措法70の2の5③）（例2）。

例1：18歳以上の子が父・母それぞれから200万円ずつもらっていた場合

贈与を受けた額の計算：

200万円＋200万円＝400万円（ともに特例税率）

贈与税計算：

（400万円－110万円）×15％－10万円＝33.5万円

例2：18歳以上の子が父から600万円、叔父から400万円をもらっていた場合

① 一般税率（叔父からの贈与）分の計算

贈与を受けた額の計算：

600万円＋400万円＝1,000万円

贈与税計算：

（1,000万円－110万円）×40％－125万円＝231万円

一般税率の按分：

231万円×400万円／1,000万円＝92.4万円

② 特例税率（父からの贈与）分の計算

贈与を受けた額の計算：

600万円＋400万円＝1,000万円

贈与税計算：

（1,000万円－110万円）×30％－90万円＝177万円

特例税率の按分：

177万円×600万円／1,000万円＝106.2万円

③ 贈与税額の計算（①＋②）

贈与税の合計：

92.4 万円＋106.2 万円＝198.6 万円

一般税率と特例税率の税率表は下記のとおりです。

<table>
<tr><th colspan="2" rowspan="2">基礎控除後の課税価格</th><th colspan="2">一般税率</th><th colspan="2">特例税率</th></tr>
<tr><th>税率</th><th>控除額</th><th>税率</th><th>控除額</th></tr>
<tr><td>0 万円超</td><td>200 万円以下</td><td>10%</td><td>0 万円</td><td>10%</td><td>0 万円</td></tr>
<tr><td>200 万円超</td><td>300 万円以下</td><td>15%</td><td>10 万円</td><td rowspan="2">15%</td><td rowspan="2">10 万円</td></tr>
<tr><td>300 万円超</td><td>400 万円以下</td><td>20%</td><td>25 万円</td></tr>
<tr><td>400 万円超</td><td>600 万円以下</td><td>30%</td><td>65 万円</td><td>20%</td><td>30 万円</td></tr>
<tr><td>600 万円超</td><td>1,000 万円以下</td><td>40%</td><td>125 万円</td><td>30%</td><td>90 万円</td></tr>
<tr><td>1,000 万円超</td><td>1,500 万円以下</td><td>45%</td><td>175 万円</td><td>40%</td><td>190 万円</td></tr>
<tr><td>1,500 万円超</td><td>3,000 万円以下</td><td>50%</td><td>250 万円</td><td>45%</td><td>265 万円</td></tr>
<tr><td>3,000 万円超</td><td>4,500 万円以下</td><td rowspan="2">55%</td><td rowspan="2">400 万円</td><td>50%</td><td>415 万円</td></tr>
<tr><td colspan="2">4,500 万円超</td><td>55%</td><td>640 万円</td></tr>
</table>

Q20 生前贈与加算

暦年課税制度で贈与を受けていた場合の相続税への影響を教えてください。

POINT

- 財産を相続した人が贈与を受けていた場合には、贈与税申告の有無にかかわらず、相続税の計算に贈与を受けた財産を加算する必要があります。
- 相続税の課税価格に贈与を受けた金額を加算する期間は、令和６年１月１日以後は相続開始前３年以内から相続開始前７年以内に期間が延長されます。
- 生前贈与加算された贈与財産について贈与税を納めている場合には、その贈与税は相続税から差し引かれます。

Answer & 解説

1　生前贈与加算の対象者

相続又は遺贈により財産を取得した人は、その亡くなった人からの相続開始前３年以内（死亡の日からさかのぼって３年前の日から死亡の日までの間）に暦年課税制度に係る贈与によって取得した財産を、その人の相続税の課税価格に贈与を受けた財産の贈与の時の価額を加算して、相続税申告しなければなりません。

この「相続又は遺贈により財産を取得した人」については、不動産や金融資産などの被相続人本来の相続財産を取得した人に限らず、生命保険金や死亡退職金等相続税法上のみなし相続財産を取得した人、相続時精算課税適用者も含まれます。そのため、相続放棄をした人でも、亡くなった人が保険料を負担し、被保険者となっていた死亡保険金を受け取った場合等には、生前贈与加算の対象者になります（相基通 19 － 3）。

また、対象となるのは、相続税が課税される人ではなく、相続又は遺贈により財産を取得した人であるため、相続した財産より負担した債務葬式費用の金額が大きいため相続税の課税価格（生前贈与加算前）が零である人や、非課税範囲内の生命保険金取得者など相続税の非課税財産のみを取得した人も対象となります。

債務の金額が大きいことにより相続税の課税価格が零である人については、債務控除しきれない金額を生前贈与加算された財産の価額から控除することはできないため、生前贈与加算された財産は相続税の課税対象となります（相基通 19 － 5）。

2　生前贈与加算の対象期間

暦年課税制度により贈与された財産が相続税の課税価格に加算されるのは、相続開始前３年以内に贈与されたものになります。この３年以内の期間は、相続開始の日からさかのぼって３年目の応当日から相続開始の日までの間の期間となるため、例えば令和５年 11 月 20 日が相続開始の日であれば、令和２年 11 月 20 日から令和５年 11 月 20 日までの間にあった贈与を相続税の課税価格に加算することとなります。

加算期間が応当日からの期間に限られていることから、１年のうちに被相続人から複数回贈与を受けている場合には、同じ年に受けた贈与であっても、相続税の加算対象となる贈与と、ならない贈与が生じます。例えば生前贈与加算の期間が令和２年11月20日からだった場合に、令和２年１月に100万円、令和２年５月に100万円、令和２年12月に100万円と被相続人から年間300万円の贈与を受けていた場合でも、相続税の生前贈与加算の対象になる贈与は令和２年12月に贈与を受けた100万円のみとなります。

この加算期間については令和５年度税制改正で令和６年１月１日以後に贈与された財産について３年から７年に延長されています。詳しくはQ6をご参照ください。

3　生前贈与加算額

相続税の課税価格に加算される贈与の価額は、相続時に評価された額ではなく、贈与時の価額により計算されます。上場株式など、贈与時と相続時で価額が異なるものもありますが、贈与時から相続時までの間に価値が上がっていても、下がっていても、相続税の計算上は贈与時の価額で相続税の課税価格に加算されることになります（相基通19－１）。

また、贈与税の基礎控除（110万円）以下の贈与で、贈与税の課税がなかったとしても、生前贈与加算期間の贈与であれば、相続税の加算対象となります。

ただし、扶養義務者から受け取る日常生活費等の贈与税の非課税財産、非課税とされる特定障害者扶養信託契約による贈与、贈与税の制限納税義務者が贈与を受けた国外財産、贈与税の配偶者控除の対象となった財産、住宅取得等資金贈与の非課税の特例の対象となった財産、教育資金贈与、結婚・子育て資金の一括贈与のうち一定の財産（詳細はQ26～Q29参照）については、生前贈与加算期間内の贈与であったとしても、相続税の加算対象にはなりません。

この生前贈与加算額についても令和５年度税制改正で、令和６年１月１日以後に贈与された財産について相続開始前３年超７年以内に受けた贈与の場合には、生前贈与加算される贈与財産の合計額から 100 万円を控除した残額が相続財産に加算されることになります。詳しくはＱ６をご参照ください。

4　贈与税額控除

贈与財産が相続税の課税価格に加算されたとき、その加算された贈与財産について贈与税が課税されていた場合には、その贈与税は相続税から控除されます。ただし、控除される贈与税は生前贈与加算により相続税の課税価格に加算された贈与に課されたものに限られるため、同一年の贈与で生前贈与加算された贈与財産とされなかった贈与財産があった場合には、按分計算により控除する贈与税を算出します（相基通 19 － 7）。

また、暦年課税制度分については、贈与税額控除できる贈与税は、相続税額が限度となりますので、相続税よりも控除できる贈与税が多かった場合でも、その控除しきれなかった贈与税が還付されることはありません。

5　計算例

①　生前贈与加算額・贈与税額控除の計算例（令和５年 12 月 31 日以前）

・令和５年７月に相続発生
・被相続人からは毎年６月と 12 月に 150 万円ずつ贈与を受けていた。

時期	令和２年		令和３年		令和４年		令和５年
	６月	12 月	６月	12 月	６月	12 月	６月
贈与額	150 万円	150 万円	150 万円	150 万円	150 万円	150 万円	150 万円
贈与税額	19 万円		19 万円		19 万円		※

※　相続開始年の贈与であるため贈与税申告不要

生前贈与加算額：

（令和２年７月～令和５年７月までの贈与額）900 万円

贈与税額控除額：

（令和２年分）19 万円×150 万円／300 万円＝9.5 万円

（令和３年分・４年分）19 万円

（合計）47.5 万円

②　生前贈与加算・贈与税額控除の計算例（令和６年１月１日以後）

・令和 14 年２月に相続発生

・被相続人からは毎年１月に 200 万円ずつ贈与を受けていた。

時期	令和６年	令和７年	令和８年	令和９年	令和 10 年	令和 11 年	令和 12 年	令和 13 年	令和 14 年
贈与額	200 万円	200 万円	200 万円	200 万円	200 万円	200 万円	200 万円	200 万円	200 万円
贈与税額	９万円	９万円	９万円	９万円	９万円	９万円	９万円	９万円	※

※　相続開始年の贈与であるため贈与税申告不要

生前贈与加算額：

（令和７年２月～令和 14 年２月までの贈与額－100 万円）

1,400 万円－100 万円＝1,300 万円

贈与税額控除額：９万円×６＝54 万円

第Ⅱ部

生前贈与に関する税務

第6章

相続時精算課税制度

Q21 相続時精算課税制度の適用要件・手続き

相続時精算課税制度を適用したいのですが、私は対象になるのでしょうか。

POINT

- 相続時精算課税制度は原則として60歳以上の父母・祖父母から18歳以上の子・孫への贈与について選択できます。
- 相続時精算課税制度を選択するためには贈与税の申告書に「相続時精算課税選択届出書」等の書類を添付する必要があります。
- 相続時精算課税制度を選択した場合、その選択を撤回して暦年課税制度へ変更することはできません。

Answer & 解説

1　制度の概要

相続時精算課税制度は、納税者の選択により原則として60歳以上の父母又は祖父母などから18歳※以上の子又は孫などへの贈与について適用ができます（相法21の9）。

この制度を選択した場合には、贈与を受けた時に相続時精算課税制度に係る贈与税（特別控除額：累積2,500万円、税率：一律20%）を納付します。その後、その贈与をした者が亡くなった時には、相続時精算課税制度に係る贈与により取得した財産の価額を相続財産に加算して相続税を計算したうえで、すでに納めた贈与税額を相続税額から控除することにより、相続税と贈与税を一体として課税する制度です。

なお、暦年課税制度とは異なり、相続税額から控除しきれなかった贈与税額がある場合には、控除しきれない贈与税相当額が還付されます。

※　令和4年3月31日以前の贈与により財産を取得した場合は20歳以上となります。

2　適用対象者

相続時精算課税制度の対象となる受贈者及び贈与者の要件は、下記のとおりです（相法21の9①）。

区分	適用対象者
受贈者	・贈与者の推定相続人である直系卑属（子や孫など）のうち、贈与を受けた年の1月1日において18歳[注]以上である者 ・贈与者の孫のうち、贈与を受けた年の1月1日において18歳[注]以上である者 注　令和4年3月31日以前の贈与により財産を取得した場合は20歳 ※　非上場株式の納税猶予制度や個人の事業用資産の納税猶予制度の適用を受ける場合には特例があります
贈与者（特定贈与者）	贈与を行った年の1月1日において60歳以上である者 ※　住宅取得等資金の贈与の場合には特例があります

推定相続人であるかどうかの判定は、その贈与の日において行います（相基通21の9－1）。

贈与者の養子になったこと等により、年の中途で推定相続人又は孫となった場合は、推定相続人又は孫となった時より前に贈与を受けた財産には相続時精算課税制度が適用されないため、この適用のない受贈財産に係る贈与税額は暦年課税制度により計算します（相法21の9④）。

また、相続時精算課税適用者は特定贈与者の推定相続人（孫を含む）でなくなった場合においても、その贈与者からの贈与により取得した財産については、継続して相続時精算課税制度が適用されます（相法21の9⑤）。

なお、相続時精算課税制度は、受贈者である兄弟姉妹が別々に、贈与者である父、母ごとに選択することができるため、例えば長男が父からの贈与については相続時精算課税制度を選択し、母からの贈与については暦年課税制度を適用することができます。また、長男が父からの贈与について相続時精算課税制度を選択している場合であっても、二男は父からの贈与について相続時精算課税制度を選択せず、暦年課税制度を適用することも可能です。

3　適用対象財産等

贈与財産の種類、金額、贈与回数に制限はありません。みなし贈与課税の対象となる信託受益権、保険の権利その他の経済的利益も対象に含まれます。

4　相続時精算課税選択届出書の提出

⑴　提出期限の原則

相続時精算課税制度を選択しようとする受贈者（子又は孫など）は、その選択に係る最初の贈与を受けた年の翌年２月１日から３月15日までの間（贈与税の申告書の提出期間）に、納税地の所轄税務署長に対して「相続時精算課税選択届出書」を受贈者の氏名及び生年月日並びに受贈者が贈与者の推定相続人又は孫であることを証する戸籍謄本等とともに、贈与税の申告書に添付して提出する必要があります（相法21の９②）。

なお、非上場株式の納税猶予制度や個人の事業用資産の納税猶予の適用を受ける場合には、上記のほか別途添付書類が必要となります。

この相続時精算課税選択届出書は最初に適用しようとする年分について提出すれば、以後の贈与があった年分においては提出する必要はありません。

また、相続時精算課税選択届出書の提出期限については、宥恕規定が設けられていないため、提出期限後に届出書が提出された場合には、相続時精算課税制度の適用を受けることはできません（相基通21の９－３）。

⑵　贈与者が贈与の年中に死亡した場合

贈与者が贈与の年の中途において死亡した場合には、相続時精算課税選択届出書は、受贈者の住所地の所轄税務署長ではなく、贈与者の住所地の所轄税務署長に提出します（相令５③）。

この場合において、贈与税の申告書の提出期限より前に贈与者の死亡に係る相続税の申告書の提出期限が到来するときは、相続時精算課税選択届出書は、相続税の申告期限までに提出しなければなりません。さらに、相続税の基礎控除を超え、相続税の申告書を提出することとなる場合には、相続時精算課税選択届出書の提出は、相続税の申告書に添付して行います（相令5④）。

⑶　受贈者が相続時精算課税選択届出書を提出する前に死亡した場合

受贈者が相続時精算課税選択届出書を提出する前に死亡した場合、その贈与を受けた財産について相続時精算課税制度の適用を受けるためには、受贈者の相続人（包括受遺者を含み、特定贈与者を除く）は、その相続の開始があったことを知った日の翌日から10か月以内（相続人が納税管理人の届出をしないで当該期間に日本に住所又は居所を有しないこととなるときは、住所又は居所を有しないこととなる日まで）に相続時精算課税選択届出書を受贈者の贈与税の納税地の所轄税務署長に提出することができます（相法21の18①）。

なお、受贈者の相続人が2人以上いる場合には、この届出書の提出は、その共同相続人等が一つの届出書に連署して行うこととなり、相続人のうち1人でも欠けた場合には、相続時精算課税制度の適用を受けることはできません（相令5の6③、相基通21の18－2）。

5　選択届出書の撤回不可

相続時精算課税制度は一度選択すると選択した年以後、その贈与者からの贈与により取得する財産については、贈与者が亡くなる時まで継続して相続時精算課税制度が適用され、暦年課税制度に変更することはできません（相法21の9③・⑥）。

Q22 相続時精算課税制度に係る贈与税の計算

相続時精算課税制度の申告・計算方法を教えてください。

POINT

- 相続時精算課税制度は、2,500万円の特別控除があります。また令和6年1月1日以後は相続時精算課税制度に係る基礎控除110万円が創設されます。
- 贈与税は、特別控除額を控除した後の金額に一律20%の税率を乗じて計算します。
- 特別控除額の範囲で贈与をして、贈与税がかからない場合でも、贈与税申告をする必要があります。令和6年1月1日以後は基礎控除額の範囲の贈与であれば、贈与税申告は不要となります。

Answer & 解説

1　贈与税の課税価格

相続時精算課税適用者が特定贈与者からの贈与により取得した財産については、特定贈与者ごとにその年中における贈与により取得した財産の価額の合計額をもって贈与税の課税価格とします（相法21の10）。

なお、特定贈与者が2人以上いる場合（例えば父と母からの贈与につきそれぞれ相続時精算課税制度を選択している場合）には、それぞれの特定贈与者ごとに課税価格を計算します。

2　特別控除

⑴　特別控除の金額

相続時精算課税制度に係る贈与税の計算に当たっては、特定贈与者ごとの贈与税の課税価格（令和６年１月１日以後の贈与の場合は、基礎控除額を控除した後の課税価格）からそれぞれ次に掲げる金額のうちいずれか低い金額を控除します（相法21の12①）。

・2,500万円（前年以前の申告においてすでに控除した金額がある場合には、その金額の合計額を控除した残額）
・特定贈与者ごとの贈与税の課税価格

⑵　特別控除の適用手続

①　期限内申告の要件

この特別控除は、贈与税の期限内申告書に適用を受ける特別控除額、前年以前にすでに適用した特別控除額等の記載がある場合に限り適用されます（相法21の12②、相規12）。

したがって、期限内申告書の提出がない場合には、この特別控除を適用することはできません。期限内申告を怠ったためにその年の贈与税額の計算上適用できないこととなった特別控除額は、翌年以降に繰り越すことができます。

また、相続時精算課税制度による贈与を受けた金額が特別控除額の範囲内であり、贈与税額が生じない場合であっても、期限内申告書の提出が必要です。

令和６年１月１日以後においては、相続時精算課税制度における基礎控除（110万円）が創設されるため、相続時精算課税制度の基礎控除以下の贈与を受けた場合には、贈与税の申告書の提出は不要となりますが、適用初年度に限り受贈者が贈与を受けた年の翌年２月１日から３月15日までに相続時精算課税選択届出書を提出する必要があります。

② **修正申告の場合**

贈与税の期限内申告書に記載されていない財産については、修正申告において特別控除を適用することはできません。ただし、期限内申告書に記載のある財産について評価誤りがあり、過小評価した財産の価額に相当する特別控除額が記載されていた場合において、そのことについてやむを得ない事情があると税務署長が認めたときには、修正申告により特別控除の適用額を増額することができます。

3　贈与税額の計算

相続時精算課税適用者がその年中において特定贈与者からの贈与により取得した財産に係るその年分の贈与税額は、特定贈与者ごとに計算した課税価格から、特定贈与者ごとに計算した特別控除額を控除した金額にそれぞれ20％の税率を乗じて計算した金額とします（相法21の13）。

⑴　贈与税の計算方法

｛（贈与税の課税価格－110万円）－2,500万円｝×一律20％

（110万円：※１、2,500万円：※２）

※１　基礎控除

令和６年１月１日以後の贈与から適用されます（毎年110万円、受贈者ごと）。

特定贈与者が複数人いる場合には、贈与税の課税価格により基礎控除110万円を按分して計算します。

※２　特別控除

特定贈与者ごとに累積 2,500 万円まで。

⑵　贈与税の計算例（令和６年１月１日以後）

①　特定贈与者１名から相続時精算課税制度による贈与を受けた場合

前提：子が父から相続時精算課税制度による贈与を３年にわたり受ける場合

（１年目）
1,000 万円（課税価格）－110 万円（基礎控除）－890 万円（※特別控除額）＝０円
　※特別控除額の計算
　2,500 万円 ＞ 1,000 万円（課税価格）－110 万円（基礎控除）
　∴ 890 万円

（２年目）
1,200 万円（課税価格）－110 万円（基礎控除）－1,090 万円（※特別控除額）＝０円
　※特別控除額の計算
　2,500 万円－890 万円（１年目の特別控除額）
　　＞ 1,200 万円（課税価格）－110 万円（基礎控除）
　∴ 1,090 万円

（３年目）
800 万円（課税価格）－110 万円（基礎控除）－520 万円（※特別控除額）＝170 万円
170 万円×税率 20％＝34 万円（贈与税額）
　※特別控除額の計算

2,500万円−1,980万円（1、2年目の特別控除額の合計）
　＜800万円（課税価格）−110万円（基礎控除）
∴520万円

② **同一年に特定贈与者2名から相続時精算課税制度による贈与を受けた場合**

前提：子が同一年において、父から3,000万円・母から2,500万円（合計5,500万円）の贈与を受け、それぞれの贈与について相続時精算課税制度の適用を受ける場合

（父からの贈与）
3,000万円（課税価格）−60万円（※基礎控除）−2,500万円（特別控除額）＝440万円
440万円×税率20％＝88万円（贈与税額）
　※基礎控除の計算
　110万円×3,000万円／5,500万円（課税価格の比で按分）
　＝60万円

（母からの贈与）
2,500万円（課税価格）−50万円（※基礎控除）−2,450万円（特別控除額）＝0円
　※基礎控除の計算
　110万円×2,500万円／5,500万円（課税価格の比で按分）
　＝50万円
　∴翌年以降の特別控除残額50万円

（納付すべき贈与税額）
88万円

③　同一年中に相続時精算課税制度による贈与と暦年課税制度による贈与の両方を受ける場合

前提：子が同一年において、父からは相続時精算課税制度により3,000万円の贈与を受け、母からは暦年課税制度により200万円の贈与を受ける場合

> （父からの贈与）
> 3,000万円（課税価格）－110万円（基礎控除）－2,500万円（特別控除額）＝390万円
> 390万円×税率20％＝78万円
>
> （母からの贈与）
> 200万円（課税価格）－110万円（暦年課税制度の基礎控除）＝90万円
> 90万円×税率10％＝９万円
>
> （納付すべき贈与税額）
> 78万円＋９万円＝87万円

Q23　相続時精算課税制度に係る相続税の計算

相続時精算課税制度による贈与をしたいのですが、相続税への影響はありますか。

POINT

- 相続時精算課税制度を選択した場合には、贈与者が亡くなった際の相続税申告で、贈与財産を必ず相続税の計算に加算する必要があります。令和6年1月1日以後の贈与については、基礎控除額110万円を超えた金額が加算されます。
- 贈与税を納めている場合には、その贈与税額は相続税額から控除され、控除しきれなかった金額がある場合には還付されます。
- 万が一、相続時精算課税制度を選択した受贈者が贈与者より先に亡くなってしまった場合には、その受贈者の相続人が納税義務を承継して、贈与者の相続税が計算されます。

Answer & 解説

1　相続税の申告義務

特定贈与者が亡くなった時には、相続時精算課税適用者がその贈与者からの贈与により取得した相続時精算課税適用財産は、相続又は遺贈により取得したものとみなして相続財産に加算されるため、相続又は遺贈によって財産を取得しなかった場合であっても相続税申告が必要になります（相法21の16①）。

ただし、相続時精算課税適用財産を加算して相続財産の計算をした結果、相続税の基礎控除以下となる場合には相続税の申告は必要ありません。

2　相続財産への加算

⑴　相続財産への加算対象となる財産

相続財産への加算対象となる財産は、相続時精算課税選択届出書の提出に係る財産の贈与を受けた年以後に、その特定贈与者からの贈与により取得したすべての財産です（相法21の15①）。

⑵　相続財産への加算価額

相続税の課税価格に加算される特定贈与者からの贈与により取得した財産の価額は、相続開始時の価額ではなく、贈与の時の価額によることとなります。よって、例え相続開始時にその財産が滅失していたとしても、相続税の課税価格に加算されます（相基通21の15－2）。

なお、令和6年1月1日以後の贈与については、各年の相続時精算課税制度の基礎控除110万円を差し引いた後の金額を相続税の課税価格に加算します。

また、令和6年1月1日以後は、贈与財産が震災、風水害、火災その他一定の災害により相当の被害を受けた土地・建物である場合には、相続税の課税価格に加算する金額は再計算することができるようになります。詳細はQ7をご参照ください。

3　贈与税額控除

⑴　控除される贈与税額

相続時精算課税適用者は、相続時精算課税制度に係る贈与につき課せられた贈与税額がある場合には、その者の相続税額（相続税の外国税額控除まで適用した後の税額）からその贈与税額（贈与税の外国税額控除前の税額）に相当する金額を控除します。

この場合、贈与税額に課された利子税、延滞税及び各種加算税の金額は、上記の控除される贈与税額には含まれません（相法21の15③、21の16④）。

⑵　控除しきれなかった金額の還付

相続税額から控除しきれない贈与税額があるときは、その控除しきれない金額（相続時精算課税適用財産に係る贈与税について外国税額控除の適用を受けた場合には、その控除しきれない金額からその外国税額控除額を控除した残額）に相当する税額の還付を受けることができます（相法33の2①）。

この還付を受けるためには、相続税の申告書を提出しなければなりません（相法33の2④）。

なお、相続税の基礎控除額以下に該当して相続税申告の必要がない場合であっても、相続時精算課税制度を適用した財産について納めた贈与税があるときには、相続税申告をすることにより還付を受けることができます。この還付を受けるための申告書は、相続開始の日の翌日から起算して5年を経過する日まで提出することができます。

4　納税義務の承継

相続時精算課税適用者が特定贈与者より先に亡くなった場合には、原則として、相続時精算課税適用者の法定相続人が、相続時精算課税適用者が有していた相続時精算課税制度の適用を受けていたことに伴う納税の義務又は還付を受ける権利を法定相続分で承継します（相法21の17）。

■ 特定贈与者が相続人となる場合

相続時精算課税適用者の相続人に直系卑属がいない場合には、民法上、直系尊属である特定贈与者が受贈者の相続人となることがあります。この場合には、特定贈与者は相続時精算課税適用者が有していた相続時精算課税制度の適用を受けていたことに伴う納税に係る権利又は義務を承継しないこととされています。そのため、相続時精算課税適用者の相続人が特定贈与者１人のみであった場合には、相続時精算課税制度に係る権利又は義務は誰にも承継されないこととなり、納税に係る相続時の精算の必要はなくなります（相基通21の17－１～３）。

5　開示請求

⑴　開示制度の概要

相続若しくは遺贈又は相続時精算課税制度に係る贈与により財産を取得した者に他の共同相続人等がいる場合に、その被相続人に係る相続税の期限内申告等に必要となるときに限り、他の共同相続人等が被相続人から受けた生前贈与加算の対象となる贈与の金額、又は相続時精算課税制度適用分の贈与の金額の合計額について、税務署に開示請求をすることができます（相法49①）。

この開示請求の手続きは、被相続人が死亡した年の3月16日以後に行うことができます。

贈与税の申告内容について開示請求があった場合には、税務署長は請求後2か月以内に開示をしなければなりません。

⑵ 開示される内容

開示請求を受けた税務署長は、贈与税申告書に記載された課税価格の合計額（相法19②に規定する特定贈与財産の価額を除く）を次の①と②の合計額及び③に掲げる金額ごとに開示します。

① 被相続人に係る相続の開始前3年以内にその被相続人からの贈与により取得した財産の価額（③の価額を除く）の合計額

② 被相続人に係る相続の開始前7年以内にその被相続人からの贈与により取得した財産の価額（①、③の価額を除く）の合計額から100万円を控除した残額

③ 被相続人からの贈与により取得した財産で相続時精算課税制度の適用を受けたものの価額の合計額

第Ⅱ部

生前贈与に関する税務

第7章

贈与の特例制度

1　贈与税の配偶者控除

贈与税の配偶者控除

贈与税の配偶者控除について教えてください。

POINT

- 婚姻期間が 20 年以上の夫婦間において居住用不動産又は居住用不動産を取得するための金銭の贈与を受けた場合に適用できる贈与税の非課税制度です。
- 基礎控除の部分を合わせて 2,110 万円（配偶者控除 2,000 万円＋基礎控除 110 万円）が非課税となります。
- 配偶者控除の適用は、期限内申告だけではなく期限後申告若しくは修正申告又は更正の請求でも非課税の適用ができます。

Answer & 解説

1　適用要件

婚姻期間20年以上の夫婦間で居住用不動産又は居住用不動産を取得するための金銭を贈与により取得した場合には、取得した財産に係る贈与税の課税価格から2,000万円までの金額が贈与税の配偶者控除として控除を受けることができ、贈与税の基礎控除と合わせると2,110万円まで贈与税が非課税となります（相法21の6）。

贈与税の配偶者控除の主な適用要件は次のとおりです。

① 婚姻期間20年以上である配偶者からの贈与であること

② 配偶者から贈与された財産が、居住用不動産又は居住用不動産を取得するための金銭の贈与であること

③ 贈与を受けた年の翌年3月15日までに、贈与により取得した居住用不動産又は贈与を受けた金銭で取得した居住用不動産に、贈与を受けた者が現実に居住しており、その後も引き続き居住する見込みであること

④ 過去に同じ配偶者から贈与税の配偶者控除の適用を受けていないこと

⑤ 贈与税の期限内申告書、期限後申告書若しくは修正申告書又は更正の請求書に必要事項を記載し、必要書類を添付して提出すること

2　居住用不動産の範囲

贈与税の配偶者控除の対象となる居住用不動産とは、専ら居住の用に供する土地、土地の上に存する権利、家屋とされており、日本国内に所在するものに限られています。

なお、次の場合には、居住用不動産等はそれぞれ次の通り取り扱われます。

① 店舗兼住宅等のように居住用以外の部分がある場合（相基通21の6－1）

居住の用に供している部分の割合	贈与税の配偶者控除の対象となる居住用不動産
おおむね10分の9以上	その土地等及び家屋の全部
上記以外	居住の用に供している部分の土地等及び家屋

② 土地等のみを取得した場合（相基通21の6－1）

<table>
<tr><th>ケース</th><th>家屋の所有者</th><th>贈与税の配偶者控除の対象となる居住用不動産</th></tr>
<tr><td>居住用家屋の土地等のみの取得</td><td rowspan="2">夫又は妻
同居親族</td><td>土地等</td></tr>
<tr><td>店舗兼住宅の土地等のみの取得</td><td>居住用部分の土地等</td></tr>
</table>

※1 土地等の一部の贈与であっても贈与税の配偶者控除を適用することができます。

※2 借地権の場合、金銭の贈与を受けて、地主から底地を購入した場合も居住用不動産を取得したことになり、贈与税の配偶者控除を適用することができます。

③ 居住用不動産の取得には、家屋の増築も含まれます（相基通21の6－4）。

④ 配偶者から贈与により取得した金銭及びその金銭以外の資金をもって、居住用不動産と居住用不動産以外の財産を取得した場合には、その金銭はまず居住用不動産の取得に充てられたものとして取り扱うことができます（相基通21の6－5）。

3　贈与税の配偶者控除と生前贈与加算との関係

相続又は遺贈により財産を取得した者が、被相続人からその相続開始前３年（令和６年１月１日以降の贈与については、その相続開始前７年）以内に贈与によって取得した財産があるときは、その者の相続税の課税価格に贈与を受けた財産の贈与の時の価額を加算することになりますが、贈与税の配偶者控除の規定により控除された部分の金額については、相続開始前３年（７年）以内の贈与であっても相続税の課税価格に加算されません（相法19）。

また、相続があった年に被相続人からの贈与により被相続人の配偶者が取得した居住用不動産についても、贈与税の配偶者控除があるものとして控除される部分は、相続税の課税価格に加算されず、相続税の対象とはならないこととされます。この場合、相続税の課税価格に加算されない部分について、相続開始年分の贈与であっても贈与税の申告が必要となります。

したがって、贈与税の配偶者控除を適用して贈与した居住用不動産については相続開始直前の贈与であっても相続税が課税されないこととなります。

4　登録免許税・不動産取得税との関係

贈与税の配偶者控除は贈与税のみが非課税となるものであって、登録免許税や不動産取得税は非課税となりませんので、注意が必要です。

5　贈与税の配偶者控除と居住用財産の 3,000 万円特別控除の特例との関係

贈与税の配偶者控除を適用して自宅を配偶者に贈与する場合、家屋は時の経過とともに減価していくため、土地の比重を高めて贈与する方が相続税対策として得策となります。しかし、老人ホームの入居等に際して将来自宅を売却するときに家屋に持分が入っている場合には居住用財産の 3,000 万円特別控除を夫婦双方で適用することができるため、家屋の一部を贈与することは将来の譲渡所得税の観点で有用となります。

ただし、贈与税の配偶者控除は上記**1**の③にもあるとおり、「その後も引き続き居住する見込みであること」が要件として規定されているため、贈与後短期間で売却するなど、他に売却することを予定して自宅を贈与する場合には贈与税の配偶者控除の適用が認められないことになりますので注意が必要です。

２ 住宅取得等資金の特例

住宅取得等資金の特例

住宅取得等資金の贈与の特例について教えてください。

POINT

- 直系尊属から住宅の取得資金の贈与を受けた場合には、贈与税の計算上、基礎控除（110万円）以外に500万円（省エネ等住宅の場合には1,000万円）が非課税となります。
- 父母それぞれから贈与を受けるなど、複数人から贈与を受ける場合は、贈与を受ける金額を合算して非課税金額を計算することとなります。
- 住宅取得等資金の贈与の特例を受けた部分の金額は、相続開始前３年（令和６年１月１日以降の贈与については、相続開始前７年）以内の贈与であったとしても相続財産に加算する必要はありません。
- 所得税の住宅ローン控除と併用することができます。

Answer & 解説

1　制度の内容

令和4年1月1日から令和8年12月31日までの間に、父母や祖父母などの直系尊属からの贈与により、自己の居住の用に供する住宅用家屋の新築、取得又は増改築等の対価に充てるための金銭を取得した場合には、一定の要件を満たす省エネ・耐震・バリアフリー住宅※の場合は1,000万円まで、これら以外の住宅の場合は500万円までの金額（非課税限度額）について、贈与税が非課税となる制度です（措法70の2）。

※「省エネ・耐震・バリアフリー住宅」とは、次の①から③の省エネ等基準のいずれかに適合する住宅用の家屋であることにつき、住宅性能証明書など一定の書類を贈与税の申告書に添付することにより証明されたものをいいます。

① 断熱等性能等級5以上かつ一次エネルギー消費量等級6以上（令和5年12月31日以前に建築確認を受けた住宅又は令和6年6月30日以前に建築された住宅については、断熱等性能等級4以上又は一次エネルギー消費量等級4以上）であること

② 耐震等級（構造躯体の倒壊等防止）2以上又は免震建築物であること

③ 高齢者等配慮対策等級（専用部分）3以上であること

(1)　受贈者の要件

① 贈与を受けた時に贈与者の直系卑属であること

② 贈与を受けた年の1月1日において18歳以上（令和4年3月31日以前の贈与の場合は、20歳以上）であること

③　贈与を受けた年分の所得税に係る合計所得金額が2,000万円以下（新築等をする住宅用の家屋の床面積が50㎡未満である場合は1,000万円以下）であること

④　過去に住宅取得等資金の贈与の特例の適用を受けたことがないこと

⑤　自己の配偶者、親族など一定の特別の関係がある人から住宅用の家屋を取得したものでないこと又はこれらの人との請負契約等により新築若しくは増改築等をしたものでないこと

⑥　贈与を受けた年の翌年3月15日までに、住宅取得等資金の全額を充てて住宅用の家屋の新築等をすること（受贈者が住宅用の家屋を所有することにならない場合は、この制度の適用を受けることができない）

⑦　贈与税の居住無制限納税義務者又は非居住無制限納税義務者であること

⑧　贈与を受けた年の翌年3月15日までにその家屋に居住すること又は同日後遅滞なくその家屋に居住することが確実であると見込まれること

(2)　住宅用の家屋の新築若しくは取得又は増改築等の要件

住宅用家屋の新築には、その新築とともにするその敷地の用に供される土地等又は住宅の新築に先行してするその敷地の用に供されることとなる土地等の取得を含みます。住宅用の家屋の取得又は増改築等には、その住宅の取得又は増改築等とともにするその敷地の用に供される土地等の取得を含みます。また、対象となる住宅用の家屋は日本国内にあるものに限られます。

①　新築又は取得の場合の要件

ア　新築又は取得をした住宅用の家屋の登記簿上の床面積（マンションなどの区分所有建物の場合はその専有部分の床面積）が40㎡以上240㎡以下で、かつ、その家屋の床面積の2分の1以

上に相当する部分が受贈者の居住の用に供されるものであること
イ　取得をした住宅用の家屋が次のいずれかに該当するものであること
(a)　建築後使用されたことのない住宅用の家屋
(b)　建築後使用されたことのある住宅用の家屋で、昭和57年1月1日以後に建築されたもの
(c)　建築後使用されたことのある住宅用の家屋で、地震に対する安全性に係る基準に適合するものであることにつき耐震基準適合証明書等により証明がされたもの
(d)　耐震改修を行うことにつき都道府県知事等に申請をし、かつ、贈与を受けた年の翌年3月15日までにその耐震改修によりその住宅用の家屋が耐震基準に適合することとなったことにつき耐震基準適合証明書等により証明がされたもの

②　増改築等の場合の要件

ア　増改築等をした後の住宅用の家屋の登記簿上の床面積（マンションなどの区分所有建物の場合はその専有部分の床面積）が40㎡以上240㎡以下で、かつ、その家屋の床面積の2分の1以上に相当する部分が受贈者の居住の用に供されるものであること
イ　増改築等の工事が、自己が所有し、かつ、居住している家屋に対して行われたもので、一定の工事に該当することについて確認済証の写し等の書類により証明がされたものであること
ウ　増改築等に係る工事に要した費用の額が100万円以上であること
　また、増改築等の工事に要した費用の額の2分の1以上が自己の居住の用に供される部分の工事に要したものであること

⑶　手続要件

住宅取得等資金の贈与の特例の適用を受けるためには、贈与を受けた年の翌年2月1日から3月15日までの間に特例の適用を受け

る旨を記載した贈与税の申告書に戸籍謄本、新築や取得の契約書の写しなど一定の書類を添付して、納税地の所轄税務署に提出する必要があります。つまり、住宅取得等資金の贈与の特例の適用を受けるためには申告期限までに贈与税の申告書を提出する必要があり、期限後申告や修正申告、更正の請求では適用できないので注意が必要です。

2　住宅取得等資金の贈与を受けた場合の相続時精算課税制度の特例

相続時精算課税制度は60歳以上の父母や祖父母（特定贈与者）が18歳以上の子や孫に贈与した場合に適用できる制度ですが、平成15年1月1日から令和8年12月31日までの間に住宅取得等資金の贈与を受ける場合には、特定贈与者の年齢が60歳未満であっても相続時精算課税制度を選択することができます（措法70の3）。この場合、住宅取得等資金の贈与を受けた年分以後に特定贈与者から受ける贈与については、たとえ贈与者の年齢が60歳未満であり、住宅取得等資金以外の贈与であっても相続時精算課税制度が継続適用されます。

3　暦年課税制度・相続時精算課税制度のいずれの制度でも適用可能

この特例は、暦年課税制度及び相続時精算課税制度の双方の適用が可能とされています。したがって、暦年課税制度の場合は非課税限度額に基礎控除110万円を加算した金額まで、相続時精算課税制度の場合は非課税限度額に特別控除額2,500万円を加算した金額までは贈与税が課税されないことになります。

4　所得税の住宅ローン控除との適用関係

住宅取得等資金の贈与の特例と所得税の住宅ローン控除は併用することができますが、所得税の住宅ローン控除の適用にあたっては、住宅の取得等に係る対価の額から住宅取得等資金の贈与の特例の適用を受ける部分の金額を控除することになります（措令26⑥）。

したがって、所得税の住宅ローン控除の適用を受ける金額の計算の基礎となる住宅借入金等の金額の合計額は、次の金額のうちいずれか低い金額となります。

①　住宅の取得等に係る借入金の金額

②　住宅の取得等に係る対価の額から住宅取得等資金の贈与に係る金銭に相当する額を控除した金額

5　複数の贈与者から贈与を受ける場合の非課税限度額

住宅取得等資金の贈与の特例の非課税限度額は、「その特定受贈者ごと」に、省エネ・耐震・バリアフリー住宅の場合は1,000万円、これら以外の住宅の場合は500万円までの金額となることから、父母それぞれから贈与を受けるなど複数人から贈与を受ける場合には合算して非課税限度額を計算します。例えば、祖父から800万円、父500万円の2人から住宅取得等資金の贈与を受けた場合であっても非課税限度額は500万円（省エネ等の要件を満たす住宅用の家屋の場合は1,000万円）となります。

6　贈与者が死亡した場合の相続時の加算

相続又は遺贈により財産を取得した人が、被相続人からその相続開始前３年（令和６年１月１日以降の贈与については、その相続開始前７年）以内に贈与によって取得した財産や相続時精算課税制度により取得した財産は、その被相続人の相続税の課税価格に贈与を受けた財産の贈与の時の価額を加算することになりますが、住宅取得等資金の贈与の特例の適用を受けた部分の金額については、相続税の課税価格に加算されないことになります（措法 70 の２③)。

なお、住宅取得等資金に係る相続時精算課税制度の特別控除の 1,000 万円上乗せ特例（旧措法 70 の３の２）は、適用期限（平成 21 年 12 月 31 日）をもって廃止されていますが、こちらの制度の適用を受けた部分の金額は相続財産の持戻しが必要ですので混同しないよう注意が必要です。

3　教育資金の一括贈与の特例

Q26　概要と実行手続

教育資金の一括贈与の特例について教えてください。

POINT

- 30歳未満の者が、教育資金のために直系尊属から金融機関を経由して受けた一括贈与について、その贈与税が非課税となります。
- 学校等に支払われるものの合計額1,500万円までが非課税となります。学校等以外のものに支払われるものであっても、そのうち500万円は非課税となります。

Answer & 解説

1　30歳未満の者が教育資金のために受けた一括贈与の贈与税は非課税

平成25年4月1日～令和8年3月31日までの間に、30歳未満の受贈者が、教育資金に充てるため、直系尊属（父母や祖父母等）

から、取扱金融機関との教育資金管理契約に基づき、金銭等の一括贈与を受けた場合には、そのうち1,500万円までの金額に相当する価額について、受贈者の贈与税が非課税となります（取扱金融機関の営業所等を経由して「教育資金非課税申告書」を提出する必要がある（措法70の2の2））。

そもそも扶養義務者から、生活費や教育費の贈与を受けた場合であっても、通常必要と認められる額を、必要な都度、贈与を受けているのであれば、贈与税はかかりません（相法21の3）。ただし、将来にわたり多額にかかることが想定される教育資金を一括贈与する場合、原則として贈与税の対象となります。

本特例は、この一括贈与に係る贈与税を非課税とすることができ、高齢者世代の保有する資産の若い世代への移転促進、子どもの教育資金の早期確保と、人材育成、子育て世代を支援することによる経済活性化を目的としています。

また、贈与者の死亡時においても一定の要件に該当しなければ（Q27で後述）、相続税の課税対象にもなりません。例えば、曾孫の教育費を援助したいが、曾孫が卒業するまでは存命でいられないであろうという場合、本特例を利用することで、贈与税も相続税の負担もなく、教育資金の援助を行うことができる可能性があります。

⑴　教育資金管理契約に基づく口座の開設等

本特例を受けるためには、取扱金融機関との教育資金管理契約に基づき、金銭等の一括贈与を受ける必要があり、具体的には金融機関の種類によって、以下の方法があります。

■ 信託銀行の場合

贈与者が金銭信託を設定し、受贈者に対して、信託受益権のみなし贈与をします。

■ **銀行の場合**

受贈者が贈与を受けた金銭を、受贈者名義の預金口座に預入します（贈与を受けてから2か月以内に預入をしなくてはならない（措令40の4の3④))。

■ **証券会社の場合**

受贈者が贈与を受けた金銭をもって、有価証券を購入します（贈与を受けてから2か月以内に購入しなくてはならない)。

上記の「**銀行の場合**」を前提に、各種手続きについて説明します。

① **金銭の贈与**

まず、贈与者から受贈者に金銭の贈与契約を行います。当該手続きは、通常の贈与と同様です。

なお、実際に手続きをする場合、贈与者・受贈者同席の下、以下③までの手続きを銀行窓口で同時に行うこともあり得ます。

② **教育資金非課税申告書の提出**

本特例を受けるためには、受贈者が贈与を受けた金銭の預入をする日までに、取扱金融機関の営業所等を経由して「教育資金非課税申告書」を税務署へ提出する必要があります。ただし、「教育資金非課税申告書」は、金融機関に提出があったときに、税務署へ提出されたものとみなされることになっているため、実際には銀行窓口において「教育資金非課税申告書」の提出と、金銭の預入を同時に行います（措法70の2の2)。

なお、「教育資金非課税申告書」には受贈者・贈与者の氏名、住所や、贈与を受けた金銭の価額等を記載します（措規23の5の3)。

③ **教育資金管理契約に基づく口座の開設、預入**

受贈者名義で開設された口座に、上記①で贈与を受けた金銭を預入します。また、贈与者から直接、当該口座に金銭を拠出することもあり得ます。以後、当該口座は教育資金管理契約に基づき、銀行にて管理されることになります（口座からの払出し等については⑵で後述）。

④　**追加贈与**

上記③までの手続きで一括贈与をした金銭が1,500万円に達していない場合、1,500万円に達するまでの金銭を追加で贈与することができます。この場合、上記②の「教育資金非課税申告書」に代えて、「追加教育資金非課税申告書」を提出します（措法70の2の2）。

なお、上記③までの手続きで開設した口座とは別の口座を開設しようとする場合、当初開設した口座を終了する必要があるため、当初開設した口座へ追加で預け入れるという選択以外は現実的ではありません（口座終了時の課税については、**Q27**で後述（措法70の2の2））。

⑤　**受贈者の所得要件**

平成31年度の税制改正により、平成31年4月1日以後に贈与を受ける場合には、受贈者のその贈与を受けた日の属する前年分の所得税に係る合計所得金額が1,000万円を超える場合、本特例の適用を受けることはできなくなりました（措法70の2の2①ただし書・④ただし書）。

当該判定のために、上記②、④の書類提出の際、「合計所得金額に関する確認書」及び「贈与を受けた日に属する年の前年分の所得税に係る合計所得金額を明らかにする書類」を提出する必要があります。ただし、受贈者が他の者（父母等）の扶養親族等となっている場合や合計所得金額がない場合には、「合計所得金額に関する確認書」にその旨を記載すればよいことになっています。

⑵　教育資金の口座からの払出し及び教育資金の支払い

贈与を受けた口座から、教育資金を払い出す方法は以下の2つの方法があり、それぞれの方法ごとに定められた期限までに、「教育資金の支払に充てた金銭に係る領収書その他の書類でその支払の事実を証するもの」を、取扱金融機関の営業所等に提出又は提供しなければなりません（措法70の2の2）。

ただし、すべての金融機関が両方の方法に対応しているわけではないので、本特例に係る贈与の実行に際しては、事前に金融機関への確認が必要となります。

①　立替払いによる方法

受贈者が先に教育資金を支払い、その後、領収書等をもって金融機関からその金額の払出しを受ける方法のみにより払出しを受ける方法です。

この場合には、上記の領収書等を、その領収書等に記載又は記録された支払年月日から1年を経過する日までに提出等しなければなりません。

なお、受贈者が未成年の孫・曾孫である場合などは、当該受贈者の親権者が立替払いをした後、払出しを受けることで清算するという手続きもできます。

②　上記①以外の方法

具体的には、口座から払出しを行った後、その払出しに係る領収書等を、その領収書等に記載された支払年月日の翌年3月15日までに提出等する方法です。例えば、毎月の支払いを口座から自動引落しされるようにしておき、後日、その引落しに係る領収書等を金融機関に提出します。払出し方法の制限がない場合であり、上記①の方法によることも認められます。

なお平成28年1月1日からは、1回の支払いについて1万円以下の領収書等については、年額24万円まで、領収書等の提出に代えて、内訳を記載した明細書の記載・提出をすることができます。ただし、教育資金管理契約の締結初年又は最終年においては、2万円にその年の契約期間の月数を乗じた金額までとなります（措規23の5の3）。

2　学校等に支払われるものの合計額1,500万円までが非課税（学校以外の者に支払われるものも500万円まで非課税）

本特例を受けることで「学校等」に支払われる教育費は、1,500万円まで贈与税非課税となります。「学校等」は下記の通りです。

・幼稚園、小学校、中学校、義務教育学校、高等学校、中等教育学校、特別支援学校
・大学、大学院
・高等専門学校
・専修学校、各種学校
・保育所、保育所に類する施設、認定こども園
・外国の教育施設のうち一定のもの
・水産大学校、海技教育機構の施設（海技大学院、海上技術短期大学校、海上技術学校）、航空大学校、国立国際医療研究センターの施設（国立看護大学校）
・職業能力開発総合大学校、職業能力開発大学校※、職業能力開発短期大学校※、職業能力開発校※、職業能力開発促進センター※、障害者職業能力開発校

※　国・地方公共団体・職業能力開発促進法に規定する職業訓練法人が設置するものに限ります。

上記の「学校等」に対して支払われたことが、学校等からの領収書等により確認できる費用が非課税の対象となります。例えば、以下のものなどが挙げられます（学校等が費用を徴収し、業者等に支払う場合も含む）。

・入学金、在籍料、授業料、入園料、保育料
・施設設備費、教育充実費、教育運営費

・修学旅行・遠足費
・入学検定料
・在学証明書・卒業証明書・卒業見込証明書・成績証明書等の手数料
・(独）日本スポーツ振興センターの災害共済給付の共済掛金、（公財）日本国際教育支援協会の学生教育研究災害傷害保険、学研災付帯賠償責任保険（学研災付帯学生生活総合保険は入らない）
・PTA 会費、学級会費・生徒会費
・学校の寮等

上記の「学校等」以外の者に支払われた費用については、1,500 万円のうち、500 万円までが非課税の対象となります。具体的には以下のような費用が対象となります。

(1) 塾や習い事など、学校以外の者に直接支払われる費用

・下記の教育活動の指導の対価（月謝、謝礼、入会金、参加費等）として支払う費用や、施設利用料。
・下記の教育活動で使用する物品の費用で、当該指導者を通じて購入するもの（＝指導者の名前で領収書が出るもの)。

＜対象となる教育活動＞

① 学習（学習塾・家庭教師、そろばん、キャンプなどの体験活動等)
② スポーツ（スイミングスクール、野球チームでの指導等)
③ 文化芸術活動（ピアノの個人指導、絵画教室、バレエ教室など)
④ 教養の向上のための活動（習字、茶道等)

⑵ 学校等で必要となる費用を業者に直接支払った場合で、学校等における教育に伴って必要な費用のうち、学生等の全部又は大部分が支払うべきものと当該学校等が認めたもの

具体的には、学校等が資料で業者を通じての購入や支払いを保護者に依頼している以下のようなものが想定されます。なお、①～⑥については、業者からの領収書等に加え、学校等からの資料も金融機関に提出する必要があります。

① 教科書・副教材費・教科教材費（リコーダー・裁縫セット等）

② 学校指定の学用品費（制服、体操着、ジャージ、白衣、上履き、通学かばん等）

③ 卒業アルバム・卒業写真代、行事写真代

④ 修学旅行・自然教室・林間学校等の校外活動費

⑤ 給食費（学食や購買部に支払う費用は対象外）

⑥ オンライン授業の実施に伴う物品（パソコン・プリンタ等）

⑦ 通学定期代

⑧ 留学渡航費

⑨ 学校等に入学・転入学・編入学するに当たって必要となる転居に伴う交通費（領収書等に加え、別途必要な書類も金融機関に提出しなければならない場合がある）

Q27 相続税・贈与税の課税

教育資金の一括贈与により資金を受け取りました。贈与者が亡くなったときや、受贈者が30歳になったときに、贈与を受けた教育費の残額等があるとどのような取扱いになりますか。

POINT

- 贈与者が亡くなったときに贈与を受けた財産の残額など（管理残額）がある場合は、贈与年によって、相続税の課税対象になるかの取扱いが異なります。
- 受贈者が30歳になったときなど教育資金管理契約が終了した場合、管理残額が贈与税の課税対象になります。

Answer & 解説

1　贈与者死亡時に管理残額がある場合は、贈与年によって、相続税課税対象の取扱いが異なる

本特例が創設された当初は、贈与者が亡くなったとき、管理残額※があった場合でも、当該管理残額について相続税の課税対象とはなりませんでした。

※　管理残額：贈与者から贈与を受けた教育費（非課税拠出額）から、金

融機関において教育費として支払いの事実が確認等された払出額（教育資金支出額）を控除した残額をいいます（措法70の2の2）。

口座内の残高とは異なり、教育費以外で口座から払い出された費用があった場合には、その教育費以外の払出費用は管理残額に含まれることになります。例えば、口座から教育費が引き落されるような手続きをした際など、金融機関に対する振込手数料も口座から引き落とされることがありますが、このような振込手数料は、本特例の対象となる教育費には該当しません。よって、口座内の残高に、このような教育費以外の払出額を加算した金額が、管理残額となります。

その後、本特例が格差の固定化につながってしまうなど、機会の平等の確保に留意した見直しが必要との要望や、相続税回避目的に利用されているという指摘を受け、平成31年以降、管理残額を相続税の課税対象とする累次の改正が行われています。

具体的には、贈与を受けた年によって次の取扱いとなります。

① 平成25年4月1日（創設時）～平成31年3月31日

管理残額がある場合でも相続税の課税対象となりません。

② 平成31年4月1日～令和3年3月31日

贈与者が亡くなった日から3年以内に贈与がされていた場合のみ、その亡くなった日時点の管理残額が相続税の対象となります。ただし、本来は相続税の2割加算の対象となる孫等に相続税が課される場合であっても、相続税の2割加算の対象とはなりません。

なお、受贈者が次に掲げる要件のいずれかに該当する場合は、管理残額がある場合でも相続税の課税対象とはなりません（措法70の2の2）。ただし、下記④の場合を除きます。

ア 23歳未満である場合

イ 学校等に在学している場合

ウ 教育訓練を受けている場合

③ 令和3年4月1日～令和5年3月31日

贈与者が亡くなった日から3年以内に贈与がされていたか否かに

かかわらず、管理残額が相続税の対象となります。また、上記②と異なり、相続税の２割加算の対象となる孫等に相続税が課される場合、相続税の２割加算の対象となります。

④　令和５年４月１日～令和８年３月31日

上記③に加え、管理残額が相続税の課税対象とならない上記②のア～ウの要件に該当する場合であっても、受贈者の相続税の課税価格が５億円を超えるときは、管理残額が相続税の課税対象となります。

■ 贈与年による相続税の課税対象・２割加算の適用の違い

<table>
<tr><th rowspan="2">一括贈与（追加も含む）の時期</th><th colspan="2">管理残額への相続税課税</th><th rowspan="2">受贈者が孫等である場合の相続税の２割加算</th></tr>
<tr><th>相続税の課税価格５億円超</th><th>相続税の課税価格５億円以下</th></tr>
<tr><td>平成25年（創設時）～平成31年３月31日</td><td colspan="2">対象外</td><td>対象外</td></tr>
<tr><td>平成31年４月１日～令和３年３月31日</td><td colspan="2">相続発生３年以内の贈与の場合は対象（ただし、23歳未満等は対象外）</td><td>対象外</td></tr>
<tr><td>令和３年４月１日～令和５年３月31日</td><td colspan="2">対象（ただし、23歳未満等は対象外）</td><td>対象</td></tr>
<tr><td>令和５年４月１日～令和８年３月31日</td><td>対象</td><td>対象（ただし、23歳未満等は対象外）</td><td>対象</td></tr>
</table>

なお、下記**2**において後述する贈与税の課税対象となる管理残額に、上記取扱いによって相続税の課税対象となった管理残額は含まれません（措法70の２の２）。

そのため、本特例に係る教育資金の管理口座の残高がすべて相続税の課税対象となった場合、その贈与者が亡くなった日以降に、教育費以外の目的で口座から資金を払い出したとしても、教育資金管理契約終了時における贈与税の負担は生じないことになります。

2　教育資金管理契約が終了した場合は、管理残額が贈与税の課税対象

教育資金の一括贈与の特例の適用後に、以下のいずれかに該当した場合、それぞれに記載された日をもって教育資金管理契約は終了します。この時、管理残額がある場合は、当該管理残額は、当該終了日の属する年の、受贈者の贈与税の課税価格に算入され、贈与税の課税対象となります（ただし、④の場合は贈与税の課税対象にはならない（措法70の2の2⑯））。

①　受贈者が30歳に達したこと（当該受贈者が30歳に達した日において学校等に在学している場合又は教育訓練を受けている場合を除く）……当該受贈者が30歳に達した日

②　30歳以上の受贈者がその年中のいずれかの日において学校等に在学した日があることなどを取扱金融機関に届け出なかったこと……その年の12月31日

③　30歳以上の受贈者が40歳に達したこと……当該受贈者が40歳に達した日

④　受贈者が死亡したこと……当該受贈者が死亡した日

⑤　教育資金管理契約に係る口座等の残高が0円となった場合において、受贈者と取扱金融機関との間でこれらの教育資金管理契約を終了させる合意があったこと……当該教育資金管理契約が当該合意に基づき終了する日

本特例は受贈者が30歳になるまでの教育費について対象であるというイメージが強いものの、上記要件から、在学中であれば40歳までは教育資金管理契約が継続します。なお、年齢の計算は「年齢計算に関する法律（明治35年法律第50号）」に基づいて行わ

れ、例えば、「30歳に達した日」とは、30歳の誕生日の前日を指します。

また、贈与税の計算において、受贈者が成人していれば、「特例税率」によって贈与税が計算されますが、令和5年4月1日以降にされた本特例に係る贈与について、管理残額に贈与税が課税される場合は、「一般税率」によって贈与税が計算されることに留意する必要があります。

4　結婚・子育て資金の一括贈与の特例

Q28　概要と実行手続

結婚・子育て資金の一括贈与の特例について教えてください。

POINT

- 18歳以上50歳未満の者が、結婚・子育て資金として、直系尊属から金融機関を経由して受けた一括贈与について、その贈与税が非課税となります。
- 受贈者の結婚又は妊娠・出産・育児関係として支払われるものの合計額1,000万円までが非課税となります。ただし、結婚関係の費用は、そのうち300万円までしか非課税とされません。

Answer & 解説

1　18歳以上50歳未満の者が受けた直系尊属からの結婚・子育て資金の一括贈与の贈与税は非課税

平成27年4月1日～令和7年3月31日までの間に、18歳（令和4年3月31日以前は20歳）以上50歳未満の受贈者が、結婚・子育て資金に充てるため、直系尊属（父母や祖父母等）から、取扱金融機関との結婚・子育て資金管理契約に基づき、金銭等の一括贈与を受けた場合には、そのうち1,000万円までの金額に相当する価額について、受贈者の贈与税が非課税となります（取扱金融機関の営業所等を経由して「結婚・子育て資金非課税申告書」を提出する必要がある）（措法70の2の3）。

本特例は、「教育資金の一括贈与」（**Q26**）に類似する制度で、人口減少社会における少子化対策として創設されました。すなわち、高齢者世代が有する資産を移転することにより経済活性化を図るとともに、将来の経済的不安が若い世代に結婚・出産を躊躇させる大きな要因の一つとなっていることを踏まえ、祖父母や両親の資産を早期に移転することを通じて、子や孫の結婚・出産・子育てを後押しすることを目的としています。

本特例を受けることで、このような結婚・子育て資金の一括贈与に係る贈与税を非課税とすることができますが、相続直前の駆け込み的な贈与を助長する面もあることから、贈与者が死亡した場合には、その時点における残額については相続税の課税対象となります。この点は、「教育資金の一括贈与」と相違する点もあり、注意が必要です（**Q29**で後述）。

本特例を利用せずに、祖父母や両親が、死亡時まで結婚・子育て資金を必要な都度、援助していた場合（通常必要と認められる額で、贈与税が非課税となることを前提とする）と、本特例を利用した場合を比較しても、相続税の課税対象となる資金が、祖父母や両親の口座にあるか、受贈者側の口座にあるかの違いだけで、その都度贈与する手間などは省けても相続税負担の大小には差異がありません。

⑴　結婚・子育て資金管理契約に基づく口座の開設等

本特例を受けるためには、取扱金融機関との結婚・子育て資金管理契約に基づき、金銭等の一括贈与を受ける必要があります。具体的な金融機関の種類ごとの方法と、手続きの流れは「教育資金の一括贈与」と同様ですので、Q26 の 1⑴を参照してください。

⑵　結婚・子育て資金の口座からの払出し及び結婚・子育て資金の支払い

贈与を受けた口座から、結婚・子育て資金を払い出す方法は、「①結婚・子育て資金の支払いに充てた金銭に相当する額を払い出す（受贈者が先に結婚・子育て資金を支払い、その後、領収書等をもって金融機関からその金額の払出しを受ける＝立替払い）方法のみにより払出しを受ける方法」と「②上記①以外の方法（払出し方法の制限がない場合であり、上記①の方法によることも認められる)」があります。当該手続きは「教育資金の一括贈与」と同様ですので、Q26 の 1⑵を参照してください。

ただし、「教育資金の一括贈与」において認められている「1回の支払いについて1万円以下の領収書等については、年額 24 万円まで、領収書等の提出に代えて、内訳を記載した明細書の記載・提出をすることができる」という取扱いは、「結婚・子育ての一括贈与」にはありません（措法 70 の 2 の 2)。

2　結婚又は妊娠・出産・育児関係の合計額1,000万円までが非課税（結婚関係の費用はそのうち300万円まで非課税）

本特例は少子化対策のために創設された措置であることから、子育てに直接要する費用ではない結婚関係の費用については、300万円までという制限が設けられています。

非課税となる結婚関係の費用は、以下のものが該当します。

・婚礼に係る費用……受贈者の挙式や結婚披露宴を開催するために必要な費用
・家賃等に係る費用……結婚を機に受贈者が新たに物件を賃借する際に要した費用で、賃料（契約更新後は更新後の賃料）、敷金、共益費、礼金（保証金などこれに類する費用を含む）、仲介手数料、契約更新料
・引越しに係る費用……結婚を機に受贈者が新たな物件に転居するための引越費用

一方、妊娠・出産・育児関係として挙げられている以下のような費用は、300万円までという制限なく、1,000万円まで贈与税非課税となります。

・不妊治療に係る費用
・妊娠に係る費用
・出産に係る費用
・産後ケアに係る費用
・子の医療費に係る費用
・子の育児に係る費用

上記いずれの費用も、間接的に要する交通費や宿泊代等は非課税とならないので注意が必要です。

Q29 相続税・贈与税の課税

結婚・子育て資金の一括贈与により資金を受け取りました。贈与者が亡くなったときや、受贈者が50歳になったときに、贈与を受けた結婚・子育て資金の残額等があるとどのような取扱いになりますか。

POINT

- 贈与者が亡くなったときに贈与を受けた財産の残額等（管理残額）がある場合は、その残額が相続税の課税対象になります。
- 受贈者である子が50歳になったときなど結婚・子育て資金管理契約が終了した場合、管理残額が贈与税の課税対象になります。

Answer & 解説

1　贈与者死亡時に管理残額がある場合は、その残額が相続税の課税対象になる

(1)　相続税の課税対象となる管理残額

本特例は相続直前の駆け込み的な贈与など相続税回避を助長する面もあることから、贈与者が死亡した場合には、その時点の管理残額※について、受贈者が相続又は遺贈により取得したものとみなし

て、一律に相続税の課税対象とされています。

※　管理残額：贈与者から贈与を受けた結婚・子育て資金（非課税拠出額）から、金融機関において結婚・子育て資金として支払いの事実が確認等された払出額（結婚・子育て資金支出額）を控除した残額をいいます。「教育資金の一括贈与」における管理残額と同様の考え方ですので、Q27も参照してください。

ただし、「相続税の２割加算」の取扱いは、当該贈与の時期によって、以下のように異なるため、注意が必要です。「教育資金の一括贈与」の累次の改正でも同様の取扱いがされており、相続税回避目的の利用を制限するという趣旨を同じくしています。
①　平成27年４月１日（創設時）～令和３年３月31日
本来は相続税の２割加算の対象となる孫等に相続税が課される場合であっても、相続税の２割加算の対象とはなりません。
②　令和３年４月１日～令和７年３月31日
相続税の２割加算の対象となる孫等に相続税が課される場合、相続税の２割加算の対象となります。

なお、下記**2**において後述する贈与税の課税対象となる管理残額に、上記取扱いによって相続税の課税対象となった管理残額は含まれない点も、「教育資金の一括贈与」と同様です。

2　結婚・子育て資金管理契約が終了した場合、管理残額が贈与税の課税対象

結婚・子育て資金の一括贈与の特例の適用後に、以下のいずれかに該当した場合、それぞれに記載された日をもって結婚・子育て資金管理契約は終了します。この時、管理残額がある場合は、当該管

理残額は、当該終了日の属する年の受贈者の贈与税の課税価格に算入され、贈与税の課税対象となります（ただし、②の場合は贈与税の課税対象にはならない（措法70の2の3⑬)。

① 受贈者が50歳に達したこと……当該受贈者が50歳に達した日

② 受贈者が死亡したこと……当該受贈者が死亡した日

③ 結婚・子育て資金管理契約に係る口座等の残高が0円となった場合において、受贈者と取扱金融機関との間でこれらの結婚・子育て資金管理契約を終了させる合意があったこと……当該結婚・子育て資金管理契約が当該合意に基づき終了する日

なお、贈与税の計算において、受贈者が成人していれば、「特例税率」によって贈与税が計算されますが、令和5年4月1日以降にされた本特例に係る贈与について、管理残額に贈与税が課税される場合は、「一般税率」によって贈与税が計算されます。この点については、「教育資金の一括贈与」と同様に留意する必要があります。

第Ⅱ部

生前贈与に関する税務

第8章

負担付贈与

Q30 負担付贈与

負担付贈与とはどのようなものですか。また、贈与税の計算方法を教えてください。

POINT

- 負担付贈与とは、受贈者に一定の債務を負担させることを条件に行われる贈与をいいます。
- 贈与税の課税価格は、贈与財産の価額から債務として負担する金額を控除した価額となります。
- 金銭以外の財産を負担付きで贈与する場合は、譲渡所得が発生しその財産の取引価額（時価）から債務として負担する金額を控除した残額が贈与税の課税価格となります。

Answer & 解説

1　負担付贈与とは

受贈者が一定の債務を負担することを条件として行われる贈与のことを、負担付贈与といいます。例えば、父から1億円の土地の贈与を受ける代わりに、父の負っている借金5,000万円の返済を負担するような場合の贈与を指します。

2　負担付贈与の課税価格の計算方法

負担がなかったとした場合における贈与財産の価額から、債務として負担する金額を控除した価額が、負担付贈与の課税価格になります（相基通21の2－4）。この負担は贈与者の債務等だけでなく、第三者の債務等を負担させる場合にも負担付贈与に該当します（相基通9－11）。

負担付贈与の贈与財産が土地、借地権、附属設備、構築物である場合の評価額は、通常の相続税評価額ではなく、贈与時の通常の取引価額（いわゆる時価）になります（平元.3.29付直評5直資2－204）。また、上場株式等を負担付贈与で受け取った場合の、その株式等の評価額は贈与日における終値で評価します（評基通169(2)）。

財産の種類	負担付贈与の課税価格	通常の贈与の課税価格
土地、借地権、家屋附属設備、構築物	通常の取引価額（時価）	路線価評価等による相続税評価額
上場株式（気配相場のある株式以外）	贈与日の終値×贈与株式数	（贈与日の終値、贈与月の終値の平均、その前月の終値の平均、前々月の終値の平均のうち最も低い価額）×贈与株式数
気配相場のある株式	贈与日の取引価額×贈与株式数	（贈与日の取引価額、贈与月の取引価額の平均、その前月の取引価額の平均、前々月の取引価額の平均のうち最も低い価額）×贈与株式数
上記以外の財産	財産評価基本通達による相続税評価額	財産評価基本通達による相続税評価額

3　負担付贈与に関するその他の税務上の取扱い

負担付贈与の贈与者は、負担額でその贈与財産を譲渡したものとして取り扱われ、譲渡益が生じる場合には、譲渡所得税の課税の対象となります。負担付贈与があった場合の負担額が、負担付贈与の贈与者ではなく第三者の利益となる場合は、その第三者は、負担付贈与を受けた者から、その負担した額につき贈与を受けたこととなります。

なお、負担額は経済的価値のあるものに限られており、経済的価値のないものが負担として課された場合には、その負担額はないものとして取り扱われます。

4　賃貸用アパートの贈与があった場合

例えば父から子へ賃貸用アパートの贈与があった場合は、賃貸用アパートの所有権が父から子へ移転するとともに、敷金の返還義務も父から子へ引き継ぐことになります。このとき、アパートの元々の所有者である父が、新たな所有者である子に対して、アパート居住者から預かっている敷金と同額の金銭を移転しない場合には、子が賃貸用アパートの贈与を受ける代わりに、敷金の返還義務を負うこととなり、子は父から負担付贈与を受けたものとして取り扱われます。

また、父は子の敷金負担額でアパートを譲渡したものとして取り扱われ、譲渡益が発生する場合には譲渡所得税の課税対象となります。

なお、父から子に対して敷金返還義務相当額を支払う場合には、子に実質的な負担はないため、負担付贈与となりません。そのため、通常の相続税評価額で贈与税のみ申告をすることになります。

■具体例

⑴　子が父から土地の贈与を受ける代わりに、父の借金400万円を負担した場合の贈与税の課税価格と父の譲渡所得は以下のようになります。なお、土地の相続税評価額は1,200万円、土地の通常の取引価額は1,500万円、父の土地の取得費は300万円です。

子の贈与税の対象となる金額
　1,500万円－400万円＝1,100万円
父の譲渡所得の対象となる金額
　400万円－300万円＝100万円

⑵　子が父から賃貸用アパートの贈与を受けたときの、贈与税の課税価格及び預かり敷金の取扱いは下記のとおりです。なお、アパートの相続税評価額は1,100万円、通常の取引価額は1,500万円、預かり敷金の額は200万円、また、アパートの取得費は300万円です。

①　父から子に対して、預かり敷金と同額の金銭を移転する場合
子の贈与税の対象となる金額

アパート相続税評価額		敷金相当額		敷金返還義務の移転
1,100万円	＋	200万円	－	200万円

＝　1,100万円

②　父が子に対して、預かり敷金と同額の金銭を移転しない場合
子の贈与税の対象となる金額：
　1,500万円－200万円＝1,300万円
父の譲渡所得の金額：
　200万円－300万円＝▲100万円＜0円　………0円

受贈者である子の負担額（敷金返還義務相当額）よりアパートの取得費が過大となるため、譲渡益は発生せず、父は譲渡所得税の申告をする必要がありません。

第Ⅱ部

生前贈与に関する税務

第9章

国外転出（贈与）時課税

非居住者に有価証券等を贈与したときの国外転出（贈与）時課税制度

海外に住んでいる子へ有価証券を贈与すると日本において贈与者に所得税が課されると聞きました。どのような制度でしょうか。

POINT

- 1億円以上の有価証券等を所有している者（贈与者）が、海外に住んでいる者（受贈者）へ有価証券等を贈与した場合には、贈与者がその贈与財産である有価証券等を贈与時の時価で譲渡したものとみなして、有価証券等の含み益に対して所得税が課されます（国外転出（贈与）時課税）。
- 贈与の日前10年以内において日本国内に居住している期間が5年超あり、かつ所有している有価証券等の合計額が1億円以上である者が対象となります。1億円以上の判定は贈与時の有価証券等の価額で計算します。

Answer & 解説

1　国外転出（贈与）時課税制度について

⑴　概要

有価証券等のキャピタルゲインについては、原則、有価証券等を売却した者が居住している国において課税されます。こうした仕組みを利用して、含み益を有する有価証券等をキャピタルゲイン非課税国に居住する者に贈与した後、売却することにより課税を逃れることが可能となります。そうした課税逃れを防止する観点から本制度が創設されました。

国外転出（贈与）時課税制度（以下Q31において「本制度」という）は、贈与時点で1億円以上の有価証券等を所有している日本居住者で、贈与日前10年以内に5年超日本に居住している人が、国外に居住する非居住者へ有価証券等を贈与した場合に、贈与した有価証券等を贈与時の時価で譲渡したものとみなして、その含み益に対して贈与者に所得税が課税される制度です（所法60の3①)。

対象となる有価証券等は株式や投資信託、公社債等の有価証券(所法2①十七に規定するもの)、匿名組合契約の出資持分のほか未決済信用取引や未決済デリバティブ取引です。

⑵　1億円以上となるかどうかの判定

有価証券等の価額の合計額が1億円以上となるかどうかは、贈与者が贈与時に保有していた非上場の株式を含むすべての有価証券等の価額の合計額で判定します。また、判定の対象となるのは国内に保有している有価証券等のみではなく、国外で保有している有価証券等やNISA口座内の上場株式等のように譲渡所得が非課税となるもの、贈与時に含み損があるものも対象となります。

国外に居住する非居住者へ贈与した有価証券等の金額により判定するのではないため、注意が必要です。

⑶　贈与者の所得税の申告・納税

贈与者は、贈与した年の翌年3月15日までに本制度により課税される所得税を他の所得と併せて申告・納税しなければなりません(住民税は課税されない)。

⑷　受贈者の贈与税

贈与により有価証券等を取得した受贈者は、贈与を受けた年の翌年3月15日までに贈与税の申告を行い、贈与税を納付しなければなりません。

2　帰国等した場合

⑴　課税の取消し

贈与者が本制度による課税を受け所得税を納付した後、有価証券等の贈与を受けた受贈者が、贈与の日から5年以内に①~③のいずれかの場合に該当する場合には、本制度の適用がなかったものとして、課税の取消しをすることができます（所法60の3⑥)。

	課税の取消しを受けられる場合	課税の取消しを受ける範囲
①	有価証券等の贈与を受けた非居住者である受贈者が帰国※した場合	帰国の時まで所有している有価証券等
②	非居住者である受贈者が有価証券等を居住者に贈与した場合	居住者に贈与した有価証券等
③	非居住者である受贈者が死亡し、死亡した受贈者から有価証券等を相続した相続人のすべてが居住者となった場合	死亡した者から相続した有価証券等

※　帰国とは、日本国内に住所を有し、又は現在まで引き続いて1年以上居所を有することとなることをいいます。よって一時帰国は除かれます。

⑵　手続き

課税の取消しをするためには、贈与者は、受贈者が帰国等をした日から4か月以内に更正の請求又は修正申告をする必要があります(所法151の3①、153の3①)。

国外転出（贈与）時課税制度における納税猶予

国外転出（贈与）時課税制度の適用がある場合において、贈与者の所得税について納税を猶予してもらうことはできますか。

POINT

- 一定の要件を満たす場合には、担保を提供することで５年間納税が猶予されます。
- 贈与の日から５年を経過する日までに税務署へ届出を提出することにより、納税猶予の期限をさらに５年間延長することができます。

Answer & 解説

1　概　要

国外転出（贈与）時課税制度は、有価証券等を贈与した者（以下Q32において「贈与者」という）に対する課税のため、通常の譲渡と異なり、納税資金が不足することが想定されることや、有価証券等の贈与を受けた者が一時的な海外勤務者で有価証券等を売却せずに帰国を予定していることなども想定されるため、納税猶予制度が設けられています。

贈与者がこの納税猶予の適用を受けた場合には、贈与の日の属する年分の所得税のうち、国外転出（贈与）時課税制度に係る所得税について、その贈与の日から５年４か月を経過する日までその納税が猶予されます。

国外転出（贈与）時課税制度に係る所得税とは、贈与を受けた有価証券等のうちその年分の所得税の確定申告期限まで受贈者が引き続き有している有価証券等に係る所得税額で、次の①から②を控除した金額です（所法 137 の 3 ①)。

① 贈与の日の属する年分の所得税の年税額
② 国外転出（贈与）時課税制度の適用を受けないものとした場合における贈与の日の属する年分の所得税の年税額

2 適用要件

納税猶予の適用を受けるためには、次の要件を満たす必要があります。

① 贈与者が納税猶予の適用を受ける年分の確定申告書に納税猶予の適用を受けようとする旨を記載すること
② 「国外転出等の時に譲渡又は決済があったものとみなされる対象資産の明細書（兼納税猶予の特例の適用を受ける場合の対象資産の明細書）≪確定申告書付表≫」及び「国外転出をする場合の譲渡所得等の特例等に係る納税猶予分の所得税及び復興特別所得税の額の計算書」を確定申告書に添付すること
③ その確定申告書の提出期限までに、納税を猶予される所得税額及び利子税額に相当する担保を提供すること

担保として提供できる財産は国債や地方債、有価証券、不動産等です。非上場会社の株式を担保として提供する場合、令和５年３月31 日までは株券を発行して担保提供する必要がありましたが、令和５年４月１日以後は株券不発行会社である場合には非上場株式を担保として提供することを約する書類等を提出することで、株券を

発行せずに担保の提供ができるようになりました。

3　納税猶予期間の延長

贈与の日から5年を経過する日までに「国外転出をする場合の譲渡所得等の特例等に係る納税猶予の期限延長届出書」を所轄税務署へ提出することにより、納税猶予の期限をさらに5年延長（合計10年4か月）することができます（所法137の3③）。

4　継続適用届出書

納税猶予の適用を受けた所得税の全部について納税猶予の期限が確定するまでの間は、毎年12月31日において受贈者が所有している有価証券等について、引き続き納税猶予の適用を受けたい旨などを記載した「国外転出をする場合の譲渡所得等の特例等に係る納税猶予の継続適用届出書」を翌年3月15日までに、所轄税務署へ提出する必要があります（所法137の3⑦）。

5　納税の免除

贈与の日から5年（上記**3**の猶予期間の延長をしている場合には10年。以下**Q32**において同じ）を経過する日までに受贈者が帰国等する場合には一定の手続きを行うことにより、本制度の適用がなかったものとして、課税の取消しをすることができます（**Q31**の**2**参照）

6　猶予されていた税額を納付しなければならない場合

⑴　納税猶予期間の満了

納税猶予の特例の適用を受けた贈与者は、贈与の日から５年を経過する日の翌日以後４か月を経過する日までに納税を猶予されていた所得税及び利子税を納付する必要があります（所法137の3①）。

⑵　受贈者が本制度の対象となった資産を譲渡、決済又は贈与した場合

贈与の日から５年を経過する日までに受贈者が国外転出（贈与）時課税制度の対象となった有価証券等を譲渡、決済又は贈与した場合には、その譲渡、決済又は贈与した日の翌日以後４か月を経過する日が納税猶予の期限となり、納税を猶予されていた所得税及び利子税を納付する必要があります。

この場合、贈与者が納税猶予の適用を受けていた所得税額のうちその譲渡、決済又は贈与があった有価証券等に対応する部分の金額に相当する所得税について、納税猶予の期限が確定します。

第Ⅲ部

具体的な対策案

Q33 贈与に適した財産の検討

贈与をする場合、どのような財産を贈与すればよいのでしょうか。贈与に適した財産や適さない財産があれば教えてください。

POINT

- 評価額の観点からは、将来値上がりすることが見込まれる財産は、贈与に適した財産となります。反対に家屋など将来評価額が下がることが見込まれる財産は贈与に適さない財産となります。
- コストの観点からは、例えば不動産は、贈与をするのに不動産取得税や登録免許税等の移転コストが発生するため、贈与に適さない財産となります。移転コストのかからない現預金等は贈与に適した財産となります。
- 収入の発生の観点からは、賃貸不動産や上場株式など収益を生み出す資産は、自宅等の収益を生み出さない資産よりも贈与に適した財産となります。
- 上記の観点を総合的に検討して、どの財産を贈与するか検討していくこととなります。一般的に、自社株・収益不動産・上場株式・市街化が見込まれる土地など将来の値上がりを見込んで贈与財産とすることが多いです。
- 将来値上がりが見込まれる財産の他、税務上の特例が適用できる場合は、特例の対象となる財産も贈与に適した財産となります。
●将来値上がりが見込まれる財産や特例が適用できる財産が特にない場合は、移転コストがかからず手間もかからない現預金での贈与を行うケースが多いです。

Answer & 解説

1　贈与に適した財産の検討

贈与は、贈与者と受贈者の合意があれば任意の時期に任意の財産を贈与することができます。任意とはいえ、贈与するのであれば、贈与者や受贈者にとって意味のある財産を贈与することが理想といえます。意味があるか否かは、家族構成や財産状況といった贈与者や受贈者を取り巻く環境を前提に、所有する財産を様々な観点から捉えたうえで、財産の特徴を理解して判断することになります。

(1)　評価額の観点

評価額の観点から贈与に適しているか否かは、贈与時点から将来的に評価額が値上がりする財産が贈与に適した財産、値下がりする財産が贈与に適さない財産として判断することになります。

一般的に評価額の値上がりが予見される財産として、市街化が見込まれる土地や継続的に黒字が予想される自社株等が挙げられ、評価額の値下がりが予見される財産として、家屋や機械装置・器具備品等の減価償却資産が挙げられます。

ただし、将来的な評価額の変動を予見することは困難な場合もあるため、注意する必要があります。また、評価額が多額になる場合には、贈与時の評価額で相続財産に組み込む相続時精算課税制度を活用するかも合わせて検討することが重要になります。

⑵　コストの観点

コストの観点から贈与に適しているか否かは、不動産取得税や登録免許税、専門家報酬等の移転コストが生じない財産が贈与に適しているものとして判断することになります。

不動産については不動産取得税、登録免許税のほか登記を司法書士に依頼する場合その手数料が生じます。自動車については、一定の事務手数料のほか、手続きを代行業者に依頼する場合には代行料等が生じるため、不動産・自動車は贈与に適していないといえます。その点、有価証券等は名義変更の手続きは必要になりますが、移転コストがかからないことが多く、現預金については、振込手数料が生じる可能性はありますが、比較的移転コストがかからないため、贈与に適しているものといえます。

⑶　収入の発生の観点

収入の発生の観点からは、将来的な財産の蓄積を抑えるために贈与することが有効になることがあります。例えばアパートやマンションといった収益不動産や定期的な配当が期待される上場株式・投資信託等が考えられます。贈与から贈与者の相続が開始するまでの期間が長期に及ぶほど効果が高まるため、贈与者の年齢を念頭におく必要があります。それ以外に収益不動産については、相続時の小規模宅地等の評価減の特例といった制度もあるため、贈与によって移行することが最善かは別途判断する必要があります。

2　財産の種類ごとの特徴

財産の種類ごとに様々な特徴があり、検討すべき贈与に適している財産かどうかの判断は、上記観点を踏まえ総合的に検討する必要があります。

(1) 現預金

贈与者において贈与しやすく、受贈者においても活用しやすい点、受贈した現預金でそのまま贈与税の支払いができる点等から、最も一般的な贈与財産です。原則として評価額の変動はありませんが、外貨預金については為替相場による評価額の変動リスクがあります。移転コストは口座引出時の利用手数料や口座間移動時の振込手数料など生じる可能性がありますが、金融機関ごとに取扱いが異なるため事前の確認が必要です。

なお、現預金については贈与税の配偶者控除（相法21の6）、住宅取得等資金の贈与（措法70の2）、教育資金の一括贈与（措法70の2の2）、結婚・子育て資金の一括贈与（措法70の2の3）といった贈与税の特例が適用できる可能性があるため、資金使途に合わせて要件に合致するか検討することをお勧めします（Q24〜Q29参照）。

また、無駄遣いなど現預金をそのまま受贈者に贈与することに抵抗がある場合は、受贈者を契約者とする保険の保険料や、令和５年度税制改正により恒久化されたNISAの投資資金に充てるよう受贈者と約束する等の工夫をすることで解決することがあります。

(2) 土　地

以下のようなケースにおいて、贈与に適した財産となる可能性があります。

ただし、通常は他の財産と比較して評価額が高く贈与税の負担が重い点や、評価額が年ごとに上下し将来的な評価額を予見することが困難な点、贈与時に不動産取得税・登録免許税等といった移転コストも生じる点から、総合的な判断が必要になります。

①　評価額の値上がりが期待される土地

市街化が見込まれる土地等、何らかの理由により贈与時点の評価額よりも値上がりが期待される土地が該当します。

②　贈与税の配偶者控除が適用できる土地

居住用不動産を婚姻期間 20 年以上の配偶者へ贈与する場合など一定の要件を満たすときは、贈与税の配偶者控除が適用できるため、当該要件に合致した土地が該当します（**Q24** 参照）。

ただし、贈与した土地に関しては、相続時の小規模宅地等の評価減の特例（措法 69 の 4）が適用できなくなるため、いずれの特例も適用できる場合には、比較検討する必要があります。

③　収益不動産

贈与者において収益不動産を除いても資産状況・収支状況が安定している場合には、受贈者に定期的な収入源を持たせることができるため、当該収益不動産が該当します。贈与者においては余剰資金の積み上げを回避できることから相続税の負担を軽減する効果も見込めます。

イ　駐車場・駐輪場・資材置き場等

収益不動産として駐車場・駐輪場・資材置き場といった建物のない収益不動産（以下「駐車場等」）は、評価額に対して得られる収入が低くなりやすいため、収入の発生の観点からは劣後する財産となります。

ロ　アパート・マンション・テナント等

収益不動産としてアパート・マンション・テナントといった土地建物の収益不動産（以下「アパート等」）を贈与財産として検討する場合、アパート等に係る収益を贈与により移す手法として「土地建物を一括して贈与する方法」と「建物のみを贈与する方法」があります。

土地建物を一括して贈与する方法では、駐車場等を贈与する際と同様に評価額に対して得られる収入が低くなりやすいため、収入の発生の観点からは劣後します。

建物のみを贈与する方法は、土地と比較して贈与税の負担は軽く利回りも高いこと、またアパート等の収益は建物所有者に帰属するため、収益を移すためだけであれば、土地建物を一括して贈与する方法よりも建物のみを贈与する方法を優先すべきです。

ハ　イ・ロの比較

駐車場等とアパート等をいずれも保有している場合には、収益・利回りの観点や収益の安定性の観点からアパート等の建物のみを贈与する方法を優先して検討します。

ニ　留意点

(a)　相続税の小規模宅地等の評価減の不適用

上記②と同様に、土地を贈与した場合には相続時の小規模宅地等の評価減の特例が適用できなくなるため、注意が必要になります。

(b)　敷金・保証金の取扱い

収益不動産に係る賃貸借契約において、賃借人から敷金・保証金等（以下「敷金等」という）の名目で返還義務のある現預金を預かっているケースがあります。この場合に収益不動産を贈与すると、受贈者は当該収益不動産に係る賃貸借契約の賃貸人の地位を承継することになります。それに伴い敷金等の返還義務も受贈者が承継することになるため、結果として当該収益不動産の贈与は、負担付贈与として取り扱われることになります（Q30参照）。

負担付贈与を回避するために、敷金等と同額の現預金を収益不動産と合わせて移転させるなど工夫が必要です。

④　個人版事業承継税制（措法70の6の8）

贈与者の事業（不動産貸付事業等を除く）に供している土地（事業用建物の敷地等）を事業の後継者に対して贈与する場合、一定の要件に該当したときは贈与税を猶予・免除する制度です。令和8年

3月31日までに計画を都道府県に提出する等の手続きや贈与者・受贈者ごとに要件が定められているなど複雑な制度であるため、適用を検討する際は専門家に相談することをお勧めします。

⑤　**農地等の納税猶予（措法70の4）**

贈与者の農業に供している農地等を農業の後継者である推定相続人に対して贈与する場合、一定の要件に該当したときは贈与税を猶予・免除する制度です。農業委員会からの証明を取得するなど必要な手続きや贈与者・受贈者ごとに要件が定められている複雑な制度であるため、適用を検討する際は専門家に相談することをお勧めします。

⑶　家　屋

以下のようなケースにおいて、贈与に適した財産となる可能性があります。

ただし、他の財産と比較して評価額が高く贈与税の負担が重い点や、評価額が年ごとに下がる点、贈与時に不動産取得税・登録免許税等といった移転コストも生じる点から、総合的な判断が必要になります。

①　**贈与税の配偶者控除が適用できる家屋**

居住用不動産を婚姻期間20年以上の配偶者へ贈与する場合など一定の要件を満たすときは、贈与税の配偶者控除が適用できるため、当該要件に合致した家屋が該当します（Q24参照）。

②　**収益不動産**

詳細については、上記「⑵**土地③収益不動産**」を参照してください。

③　**個人版事業承継税制（措法70の6の8）**

贈与者の事業（不動産貸付事業等を除く）に供している事業用家屋を事業の後継者に対して贈与する場合、一定の要件に該当したときは贈与税を猶予・免除する制度です。令和8年3月31日までに計画を都道府県に提出するなどの手続きや贈与者・受贈者ごとに要件が定められている複雑な制度であるため、適用を検討する際は専門家に相談することをお勧めします。

⑷　上場株式

以下のようなケースにおいて、贈与に適した財産となる可能性があります。

ただし、上場株式の評価額は日々の相場により変動し将来的な評価額を予見することが困難な点、受贈者において証券会社の口座の開設や移管依頼が必要になるといった事務手続きが生じる点から、総合的な判断が必要になります。

①　配当がある（利回りがよい）上場株式

配当金や株主優待といった利益を享受できる上場株式が該当します。利回りがよい上場株式ほど贈与に適していますが、業績によって配当金の金額や株主優待の内容が変動する可能性を考慮する必要があります。

②　急騰した上場株式・一時的に急落した上場株式

何らかの理由により株価が急騰した上場株式や権利落ち・配当落ち以外の理由により一時的に株価が急落した上場株式が該当します。

上場株式の評価額は、贈与時の株価のみならず、贈与月以前３か月間の月平均額のうち最も低い金額が評価額となります（評基通169⑴）。

そのため、急騰した株式であっても、急騰前の株価で、一時的に急落した株式については、その急落した月が３か月以内であれば、その急落した株価で贈与することが可能です。

ただし、負担付贈与や低額譲渡といった手法で贈与する場合、贈与日の株価が評価額となるため注意が必要です（評基通169⑵）。

【設例1】３月中に株価が急騰したケース

・贈与日　3月31日

・株価　3月31日　1,000円

　　　　3月平均　　700円

　　　　2月平均　　200円

　　　　1月平均　　150円　　評価額　150円

【設例2】２月に一時的に急落したケース

・贈与日　3月31日

・株価　3月31日　1,200円

　　　　3月平均　1,000円

　　　　2月平均　　600円

　　　　1月平均　1,100円　　評価額　600円

③　含み損のある上場株式等

受贈者が譲渡益や配当が発生する上場株式等を保有している場合には、贈与者が保有している上場株式等のうち取得時の株価より贈与時の株価が下回っている（含み損がある）上場株式等が該当します。

受贈者が贈与により取得した上場株式等の取得価額は、贈与者の取得価額を引き継ぐことから、含み損を引き継ぐことになります(所令109②一)。この上場株式等を売却して含み損を実現させることで、受贈者自身の配当や譲渡益と損益通算を行い、受贈者の所得税を軽減することが可能になります（措法37の12の2）。

⑸　自社株

以下のようなケースにおいて、贈与に適した財産となる可能性があります。

ただし、評価額が決算期ごとに上下し将来的な評価額を予見することが困難な点、自社株が譲渡制限株式である場合、贈与の際に承

認機関からの承認が必要となる点から、総合的な判断が必要になります。

① 評価額の値上がりが期待される自社株

自社株は、原則として前期までの決算数値を基礎に評価額が決定されるため、進行期や翌期以降の利益の計上が見通せる場合等により評価額の値上がりが期待される自社株が該当します。

② 事業承継税制（特例）（措法70の7の5）

非上場会社のオーナー兼経営者である贈与者が、後継者に対して代表取締役の交代とともに自社株を贈与する場合、一定の要件に該当したときは贈与税を猶予・免除する制度です。令和8年3月31日までに計画を都道府県に提出する等の手続きや贈与者・受贈者ごとに要件が定められているなど複雑な制度であるため、適用を検討する際は専門家に相談することをお勧めします。

Q34 あえて贈与税を支払う方が有利な場合

贈与を行う場合に、110 万円の基礎控除以下の贈与にこだわらず、あえて贈与税を支払って贈与を行う方が有利になる場合があると聞きました。どのような場合に贈与税を支払って贈与を行う方が有利となるのでしょうか。また、どれくらい贈与するのが最も有利となるのでしょうか。

POINT

- 110 万円以下の贈与では贈与税はかからないため、贈与税率は 0 %です。110 万円以下の贈与を行った結果、残った相続財産に対する相続税率が例えば 40%かかるとした場合、30%の贈与税率がかかったとしても贈与をした方が有利となります。つまり、相続税率と贈与税率を比較して、相続税率よりも低い贈与税率であれば、贈与税を支払ってでも贈与をした方が有利となります。
- 上記で考える際の相続税率や贈与税率は、「実効税率」ではなく、「限界税率」で考える必要があります。
- 相続財産がいくらあるか、相続人が何名いるかにより、相続税率は異なります。また、贈与を何年行うかによっても将来の相続財産が変わり、相続税率は異なります。

Answer & 解説

1　あえて贈与税を支払う方が有利な場合

110万円（基礎控除）以下であれば贈与税は生じないため、贈与税のみの観点からみれば110万円以下の贈与を行う方が有利になります。しかし、贈与時点において贈与者に相続が生じたと仮定したときの相続税率よりも低い贈与税率で贈与を行うことで、贈与者の財産全体に対して係る税負担が軽減されるため、あえて贈与税を支払う方が有利になります。

2　考え方

相続税は相続財産の金額に応じて段階的に税率が変動する累進課税方式が採用されています。

例えば、相続人が1人で課税遺産総額（財産額から基礎控除額を控除した残額）が1億円であれば、そのうち1,000万円以下には10%、1,000万円超3,000万円以下には15%、3,000万円超5,000万円以下には20%、5,000万円超1億円以下には30%の税率がそれぞれ乗じられ、各合計金額である2,300万円が相続税になります（**図1**）。

仮にこのケースで200万円の贈与をした場合、贈与税が9万円生じる一方で相続税は、2,240万円となり、贈与前の相続税と比較して60万円減額することになります。贈与税の負担を差し引いても51万円の税負担が軽減される結果となります（**図2**）。

■図１　相続財産（1億円）の場合

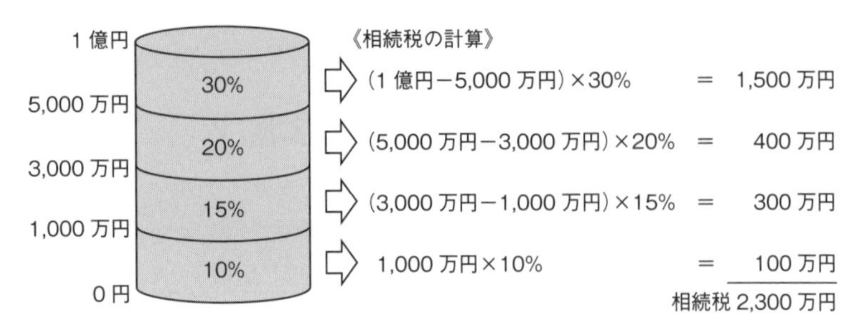

■図２　相続財産（1億円）から200万円贈与した場合

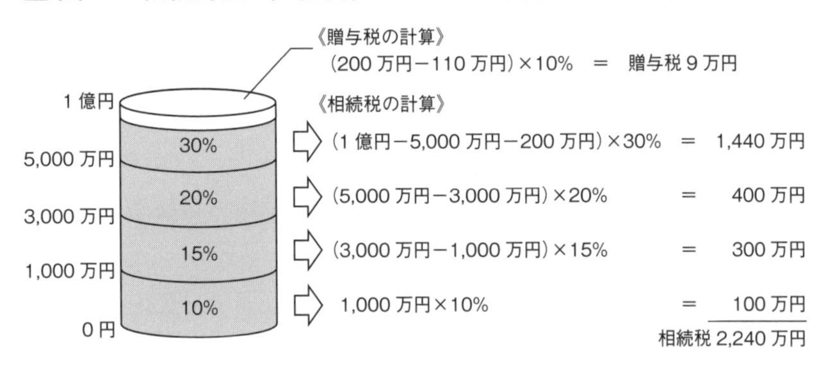

これは、贈与した金額（200万円）は、相続税の計算上、最も高い税率（30%）の部分から差し引かれ、それよりも低い贈与税率で贈与すれば全体の税負担が下がるためです。

3　最適な贈与額

最適な贈与額は、単年でみれば贈与により減少する相続税額と負担が生じる贈与税の差額が最も大きくなる贈与額、つまり税負担の下がり幅が最も大きくなる贈与額と考えられます。しかし、贈与税は年ごとに非課税枠が設けられているため、一括して贈与するよりも複数年にわたり贈与した方が税負担は軽減され有利になる特徴があります。これらの点から最適な贈与額を求めるには、次の３要素を総合的に勘案する必要があります。

⑴　相続税の限界税率＞贈与税の限界税率

最適な贈与額を考える際の税率は、実効税率ではなく限界税率での比較になります。

相続税の限界税率を超えない贈与税の限界税率の範囲で贈与することが重要です。

なお、通常は速算表上の税率が限界税率になりますが、相続税の限界税率については贈与後の相続財産額や相続人数・配偶者の有無・２割加算の有無等で限界税率が異なることとなります（下記**4**参照）。

そのため、相続税の限界税率を知るためには、まず相続税の試算が必要になります。

①一般贈与（②以外）

基礎控除後の金額		税率	控除額
0円超	200万円以下	10%	0万円
200万円超	300万円以下	15%	10万円
300万円超	400万円以下	20%	25万円
400万円超	600万円以下	30%	65万円
600万円超	1,000万円以下	40%	125万円
1,000万円超	1,500万円以下	45%	175万円
1,500万円超	3,000万円以下	50%	250万円
3,000万円超		55%	400万円

限界税率

②特例贈与（18 歳以上の者が直系尊属より受ける贈与）

基礎控除後の金額		税率	控除額
0 円超	200 万円以下	10%	0 万円
200 万円超	400 万円以下	15%	10 万円
400 万円超	600 万円以下	20%	30 万円
600 万円超	1,000 万円以下	30%	90 万円
1,000 万円超	1,500 万円以下	40%	190 万円
1,500 万円超	3,000 万円以下	45%	265 万円
3,000 万円超	4,500 万円以下	50%	415 万円
4,500 万円超		55%	640 万円

限界税率

相続税の税率速算表

法定相続分に応じた各人の取得金額		税率	控除額
0 円超	1,000 万円以下	10%	0 万円
1,000 万円超	3,000 万円以下	15%	50 万円
3,000 万円超	5,000 万円以下	20%	200 万円
5,000 万円超	1 億円以下	30%	700 万円
1 億円超	2 億円以下	40%	1,700 万円
2 億円超	3 億円以下	45%	2,700 万円
3 億円超	6 億円以下	50%	4,200 万円
6 億円超		55%	7,200 万円

限界税率

⑵ 贈与可能額

贈与者の余剰財産のなかで、受贈者に対して実際に贈与が可能な金額の総額を見積もる必要があります。受贈者が複数名いる場合には1人当たりどれくらい贈与できるかを見積もります。

⑶ 贈与可能期間

贈与が何年できるかは非常に重要なポイントとなりますが、人の余命を計算することは不可能です。そのため一般的には、厚生労働省が公表している簡易生命表による平均余命を参考に贈与が成立すると見込まれる期間（以下「贈与可能期間」）を見積もります。

ただし、ここでの贈与可能期間は、法的に贈与が成立すること、つまり贈与者の判断能力があることが前提になるため、認知症等のリスクも踏まえ見積もることが重要です。

4 相続税の限界税率

上記3の記載のとおり、原則として速算表の税率と同率になりますが、相続人が複数人いる場合、相続人に配偶者がいる場合、2割加算の適用がある場合では限界税率が速算表上の税率と異なります。

⑴ 相続人が複数人いる場合

相続人が複数人いる場合の相続税の限界税率は、各人の速算表上の税率に法定相続分を乗じた税率の合計が限界税率になります。

【設例1】

相続人が2人（子A、子B）、財産総額2億4,200万円のケース

■ 主な年齢の平均余命

（単位：年）

年齢	男			女		
	令和４年	令和３年	前年との差	令和４年	令和３年	前年との差
0歳	81.05	81.47	△0.42	87.09	87.57	△0.49
5	76.25	76.67	△0.42	82.28	82.76	△0.48
10	71.28	71.70	△0.42	77.30	77.78	△0.48
15	66.31	66.73	△0.42	72.33	72.81	△0.48
20	61.39	61.81	△0.42	67.39	67.87	△0.48
25	56.53	56.95	△0.42	62.48	62.95	△0.47
30	51.66	52.09	△0.43	57.56	58.03	△0.47
35	46.80	47.23	△0.43	52.65	53.13	△0.47
40	41.97	42.40	△0.43	47.77	48.24	△0.46
45	37.20	37.62	△0.42	42.93	43.39	△0.46
50	32.51	32.93	△0.42	38.16	38.61	△0.45
55	27.97	28.39	△0.43	33.46	33.91	△0.45
60	23.59	24.02	△0.43	28.84	29.28	△0.45
65	19.44	19.85	△0.41	24.30	24.73	△0.43
70	15.56	15.96	△0.41	19.89	20.31	△0.42
75	12.04	12.42	△0.38	15.67	16.08	△0.41
80	8.89	9.22	△0.33	11.74	12.12	△0.38
85	6.20	6.48	△0.29	8.28	8.60	△0.32
90	4.14	4.38	△0.24	5.47	5.74	△0.27

出典：厚生労働省「令和４年簡易生命表」より

・課税遺産総額

課税価格（2億4,200万円）－基礎控除額（3,000万円＋600万円×2人＝4,200万円）＝2億円

・速算表上の税率

子A、B：課税遺産総額（2億円）×法定相続分（1/2）＝1億円

⇒5,000万円超1億円以下　速算表上の税率30%

・限界税率の算定

子A：速算表上の税率（30%）×法定相続分（1/2）＝15%

子B：速算表上の税率（30%）×法定相続分（1/2）＝15%

計30%

(2)　相続人に配偶者がいる場合

相続人に配偶者がいる場合の限界税率は、以下の2点を考慮する必要があります。また、配偶者の他に相続人がいる場合は、(1)の考え方も合わせることとなります。

①　配偶者に対する相続税額の軽減

配偶者が取得した相続財産に係る相続税から、次のいずれか大きい金額（その金額が配偶者の相続税を超える場合は、配偶者の相続税）を控除することができる特例（以下「配偶者軽減」という）です。

・相続税の総額×（課税価格の合計額×配偶者の法定相続分）／課税価格の合計額

・相続税の総額×1億6,000万円／課税価格の合計額

この特例により、配偶者が相続財産を法定相続分で取得した場合、配偶者の相続税はかからないことになるため、限界税率から配偶者の法定相続分相当を控除する必要があります。

②　二次相続の影響

相続税の対策においては、一次相続のみならず二次相続を合わせた相続税を検討する必要があります。配偶者が一次相続で取得した相続財産は、配偶者自身の二次相続の相続財産を構成することにな

るため、二次相続における限界税率に一次相続の相続分を乗じた税率を、一次相続の限界税率に加算することで一次二次合わせた限界税率を算出することができます。

【設例２】

相続人が３人（配偶者、子Ａ、子Ｂ）、財産総額２億4,800万円のケース

＊相続財産を各相続人が法定相続分で取得したものと仮定しています。

＊配偶者固有の財産はないものと仮定しています。

〈一次相続〉

・課税遺産総額

課税価格（２億4,800万円）－基礎控除額（3,000万円＋600万円×３人＝4,800万円）＝２億円

・速算表上の税率

配偶者：課税遺産総額（２億円）×法定相続分（1/2）＝１億円
⇒5,000万円超１億円以下　速算表上の税率30％

子Ａ、Ｂ：課税遺産総額（２億円）×法定相続分（1/4）
＝5,000万円
⇒3,000万円超5,000万円以下　速算表上の税率20％

・限界税率の算定

配偶者：速算表上の税率（30％）×法定相続分（1/2）＝15％
子Ａ：速算表上の税率（20％）×法定相続分（1/4）＝５％
子Ｂ：速算表上の税率（20％）×法定相続分（1/4）＝５％
配偶者軽減：（15％＋５％＋５％）×配偶者軽減（1/2）＝12.5％

〈二次相続〉

・課税遺産総額

課税価格（１億2,400万円）－基礎控除額（3,000万円＋600万

円×２人＝4,200 万円)＝8,200 万円

・速算表上の税率

子A、B：課税遺産総額（8,200 万円)×法定相続分（1/2)
＝4,100 万円
⇒ 3,000 万円超 5,000 万円以下　速算表上の税率 20%

・限界税率の算定

子A：速算表上の税率（20%)×法定相続分（1/2)＝10%

子B：速算表上の税率（20%)×法定相続分（1/2)＝10%

一次相続分：(10%+10%)×配偶者の一次相続分（1/2)＝10%

〈一次二次合計〉

一次相続の限界税率（12.5%)＋二次相続の限界税率（10%)
＝22.5%

⑶　相続税額の２割加算の適用がある場合

相続税額の２割加算とは、相続等により財産を取得した人が、被相続人の一親等の血族及び配偶者以外の人である場合には、その人の相続税額にその相続税額の２割に相当する金額を加算する制度になります。例えば、推定相続人ではない兄弟姉妹や甥・姪が遺贈で財産を取得するケースや孫養子で代襲相続人となっていない人が財産を取得するケースが該当します。

そのため、この制度の適用がある人に係る相続税の限界税率は、２割相当増加することに注意が必要となります。

5　複数年贈与を行う場合の限界税率と贈与可能期間

⑴　複数年の最適贈与額の考え方

贈与可能期間を見積もった場合、通常は単年ではなく複数年に及

ぶ贈与になります。その複数年にわたる場合の最適贈与額は、以下の流れで考えます。

① 贈与可能期間の見積もり
② 現状の財産額から相続税の限界税率の算出
③ 相続税の限界税率（②）を下回る贈与税の限界税率となる贈与額を設定
④ 贈与可能期間（①）に贈与額（③）を乗じた金額を算出（贈与合計額）
⑤ 現状の財産額から贈与合計額（④）を控除した金額で相続税の限界税率を再算定
⑥ 再算定した相続税の限界税率（⑤）が贈与税の限界税率（③）を下回らないことを確認

【設例３】

〈前提〉 ※設例３～設例４において同様

＊相続人が３人（配偶者、子Ａ、子Ｂ）
＊財産総額は２億 4,800 万円
＊相続財産を各相続人が法定相続分で取得したものと仮定しています。
＊配偶者固有の財産はないものと仮定しています。
＊説明を簡素化するため生前贈与加算の適用はないものとして計算しています。
＊贈与は子Ａ・子Ｂに対して行うものとし、特例贈与に該当するものと仮定しています。

〈最適贈与額の判断〉

① 贈与可能期間を 10 年と見積もり
② 財産総額２億 4,800 万円⇒相続税の限界税率 22.5%（**【設例２】**199 頁参照）
③ 相続税の限界税率（22.5%）を下回る贈与税の限界税率（20%）

⇒１人当たりの贈与額を710万円と設定（２人で年額1,420万円）

④　①10年×③1,420万円＝１億4,200万円

⑤　財産総額２億4,800万円－④＝１億600万円

⇒相続税の限界税率12.5%

⑥　⑤相続税の限界税率（12.5%）<贈与税の限界税率（20%）

⇒当該前提では贈与額710万円は最適贈与額とはいえないため、贈与額の減額を検討します。

【設例４】

〈最適贈与額の判断〉

①　贈与可能期間を10年と見積もり

②　財産総額２億4,800万円⇒相続税の限界税率22.5%（**【設例２】**199頁参照）

③　相続税の限界税率（22.5%）を下回る贈与税の限界税率（15%）

⇒１人当たりの贈与額を510万円と設定（２人で年額1,020万円）

④　①10年×③1,020万円＝１億200万円

⑤　財産総額２億4,800万円－④＝１億4,600万円

⇒相続税の限界税率16.25%

⑥　⑤相続税の限界税率（16.25%）>贈与税の限界税率（15%）

⇒当該前提では贈与額510万円は最適贈与額といえることになります。

⑵　最適贈与額の損益分岐点

贈与可能期間が複数年ある場合、相続税の限界税率＞贈与税の限界税率が成立する範囲内で毎年の贈与額を決めることとなります。しかし、一定額を贈与し続けた場合、贈与する度に相続財産が減少していくことから、それに比例して相続税の限界税率は下がりま

す。結果として、一定の年数が経過したときに贈与税の限界税率が相続税の限界税率を上回るタイミングがあるため、その一定の年数が贈与可能期間と一致しているか確認を行い、一致していなければ贈与額を下げる必要があります。なお贈与期間中は贈与するタイミングごとに相続税試算を行い、相続税の限界税率を確認することや贈与契約を締結すること（下記**6**参照）が重要になります。

【設例５】

相続人が３人（配偶者、子Ａ、子Ｂ）

＊財産総額は２億 4,800 万円

＊相続財産を各相続人が法定相続分で取得したものと仮定しています。

＊配偶者固有の財産はないものと仮定しています。

＊説明を簡素化するため生前贈与加算の適用はないものとして計算しています。

＊贈与は子Ａ・子Ｂに対して行うものとし、特例贈与に該当するものと仮定しています。

＊子Ａ、子Ｂに対してそれぞれ 710 万円を贈与するものと仮定しています。

⇒贈与可能期間を３年と見積もっている場合、最適贈与額になります。

　仮に贈与可能期間を３年超で見積もっている場合、贈与額を下げる必要があります。

（単位：万円）

贈与年数	財産額	贈与額	財産残額	贈与税 限界税率	相続税 限界税率
1年目	24,800	1,420	23,380	20.00%	22.50%
2年目	23,380	1,420	21,960	20.00%	22.50%
3年目	21,960	1,420	20,540	20.00%	22.50%
4年目	20,540	1,420	19,120	20.00%	20.00%
5年目	19,120	1,420	17,700	20.00%	20.00%
6年目	17,700	1,420	16,280	20.00%	18.75%
7年目	16,280	1,420	14,860	20.00%	18.75%
8年目	14,860	1,420	13,440	20.00%	16.25%
9年目	13,440	1,420	12,020	20.00%	13.75%
10年目	12,020	1,420	10,600	20.00%	12.50%

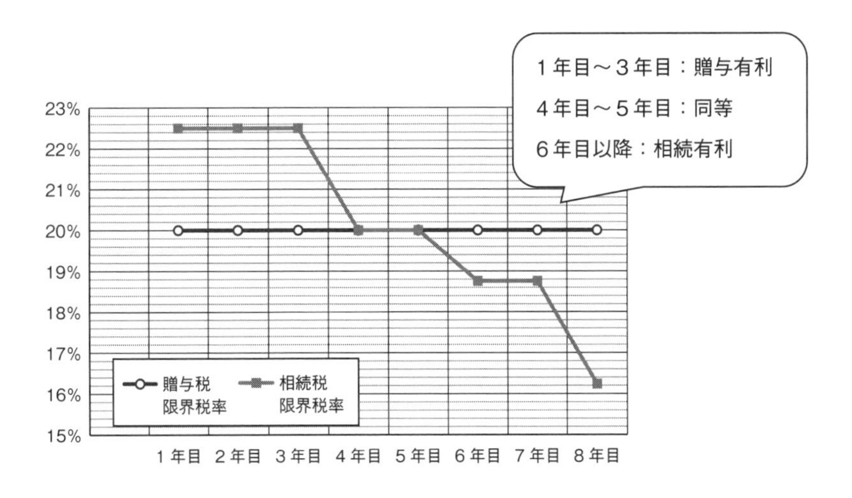

(3) 生前贈与加算の対象となる場合の考え方

贈与可能期間を見積もり、最適贈与額の贈与を行っていた場合においても、結果として相続が生じてしまうことがあります。この場合、相続等により財産を取得した人が相続開始前７年間に受けた贈与財産は、生前贈与加算の対象となり相続財産に加算されることとなります（**Q６**参照）。

この生前贈与加算を加味した場合の複数年にわたる最適贈与額は、以下の流れで考えます。

① 贈与可能期間の見積もり

② 現状の財産額から相続税の限界税率の算出

③ 相続税の限界税率（②）を下回る贈与税の限界税率となる贈与額を設定

④ 贈与可能期間（①）に贈与額（③）を乗じた金額を算出（贈与合計額）

⑤ 生前贈与加算の対象となる贈与がある場合には、その生前贈与加算額の算出

⑥ 現状の財産額から贈与合計額（④）を控除した金額に生前贈与加算額（⑤）を加算した金額をもって、相続税の限界税率を再算定

⑦ 再算定した相続税の限界税率（⑥）が贈与税の限界税率（③）を下回らないことを確認

【設例６】

〈前提〉 ※設例６～設例７において同様

＊相続人が３人（配偶者、子Ａ、子Ｂ）

＊財産総額は２億 4,800 万円

＊相続財産を各相続人が法定相続分で取得したものと仮定しています。

＊配偶者固有の財産はないものと仮定しています。

＊贈与可能期間の最後の贈与が行われた年の翌年に相続が発生するものと仮定しています。

＊贈与は子Ａ・子Ｂに対して行うものとし、特例贈与に該当するも

のと仮定しています。

〈**最適贈与額の判断**〉

① 贈与可能期間を10年と見積もり

② 財産総額2億4,800万円⇒相続税の限界税率22.5%（**【設例2】**199頁参照）

③ 相続税の限界税率（22.5%）を下回る贈与税の限界税率（20%）⇒1人当たりの贈与額を710万円と設定（2人で年額1,420万円）

④ ①10年×③1,420万円＝1億4,200万円

⑤ 生前贈与加算額9,740万円（710万円×7年×2人－100万円×2人）

⑥ 財産総額2億4,800万円－④＋⑤＝2億340万円
⇒相続税の限界税率20%

⑦ ⑥相続税の限界税率（20%）＝贈与税の限界税率（20%）
⇒当該前提では贈与額710万円は最適贈与額とはいえないため、贈与額の減額を検討します。

【設例7】

〈**最適贈与額の判断**〉

① 贈与可能期間を10年と見積もり

② 財産総額2億4,800万円⇒相続税の限界税率22.5%（**【設例2】**199頁参照）

③ 相続税の限界税率（22.5%）を下回る贈与税の限界税率（20%）⇒1人当たりの贈与額を680万円と設定（2人で年額1,360万円）

④ ①10年×③1,360万円＝1億3,600万円

⑤ 生前贈与加算額9,320万円（680万円×7年×2人－100万円×2人）

⑥ 財産総額2億4,800万円－④＋⑤＝2億520万円

⇒相続税の限界税率 22.5%

⑦　⑥相続税の限界税率（22.5%）＞贈与税の限界税率（20%）

⇒当該前提では贈与額 680 万円は最適贈与額といえることになります。

〈留意事項〉

設例3と**設例6**では、いずれも最適贈与額とはいえませんが、生前贈与加算の影響により**設例3**では相続税の限界税率が 12.5% であったのに対して、**設例6**では相続税の限界税率は 20% まで上昇しています。仮にこの生前贈与加算による相続税の限界税率の上昇により贈与税の限界税率を上回った場合、結果として最適贈与額となる可能性も考えられます。

そのため生前贈与加算の影響を踏まえると、**設例6**のように通常は最適贈与額となる贈与税の限界税率の最高額（710 万円）を設定するのではなく、**設例7**のように贈与税の限界税率の最高額を調整した金額（680 万円）が最適贈与額となるケースもあることに留意が必要です。

6　毎年贈与を行う場合の注意点

上記**5**において、計算を簡便にするため毎年の贈与額を一定と仮定して計算を行いました。このように毎年贈与を行う場合、「定期金に関する権利」の贈与とみなされないように注意する必要があります。

定期金に関する権利とは、例えば「毎年 110 万円を 20 年間贈与する」と決めた場合、最初の 1 年目に 110 万円×20 年分＝2,200 万円の「定期金を受け取る権利」を贈与したものとして贈与税を課税する取扱いです。この場合、受贈者は、年間 110 万円の贈与であれば贈与税がかからないにもかかわらず、20 年分をまとめて受け取ったものとして、約713万円※もの贈与税が課税されてしまうことになります。

このように、とても重い税負担を発生させてしまうことがあるため、毎年贈与を行う場合には、定期金に関する権利の贈与とみなされないように、毎年の贈与実行時において、つど、意思決定を行ったうえ、それを証する贈与契約を締結することが重要になります。

※ 110万円×18.508（令和5年4月時点の基準年利率に応ずる複利年金現価率）＝2,035万円（定期金に関する権利の評価）
（2,035万円－110万円）×50％－250万円＝713万円（一般税率と仮定）

7 贈与手法の検討

上記は最適贈与額の検討であるため、その贈与を暦年贈与か相続時精算課税贈与とするかの判断はQ35を参照してください。

暦年課税制度と相続時精算課税制度の有利判断

令和５年度税制改正において、相続時精算課税制度が使いやすくなったと聞きました。暦年課税制度を使うか、相続時精算課税制度を使うかいずれが有利であるかの判断はどのように考えればよいのでしょうか。

POINT

●暦年課税制度を使うか、相続時精算課税制度を使うか、いずれが有利であるかの判断は、受贈者が生前贈与加算の対象者であるかどうかにより判断が異なります。
●生前贈与加算の対象者でない場合は、原則として暦年課税制度が有利となります。ただし、受贈者が他の贈与者から暦年課税制度により贈与を受けている場合には、相続時精算課税制度を選択することで、それぞれの基礎控除が適用されるため、相続時精算課税制度が有利となります。
●生前贈与加算の対象者である場合で、110 万円以下の贈与を受けるケースでは、相続時精算課税制度が有利となります。110 万円を超える贈与を行う場合には、贈与できる期間により有利不利が異なります。少なくとも８年以上は贈与できる期間がないと相続時精算課税制度が有利となります。

Answer & 解説

1　暦年課税制度と相続時精算課税制度の比較

令和５年度税制改正により、それまで暦年課税制度にのみ設けられていた110万円の基礎控除が相続時精算課税制度にも設けられることになりました。さらに、贈与者の相続等により財産を取得した一定の者が相続開始前７年間に暦年課税制度により受けた贈与財産は、110万円（基礎控除）以下の贈与財産であっても、相続財産に加算される生前贈与加算という仕組みがありますが、相続時精算課税制度は110万円（基礎控除）以下の贈与財産であれば、相続財産に加算されることはありません。一方で、暦年課税制度では８年以上過ぎれば相続財産に加算されることはありませんが、相続時精算課税制度で110万円を超えた金額は、時間の経過にかかわらず相続財産に加算されることになります（Q６～7、Q18～23参照）。

そのため、受贈者が贈与者の生前贈与加算の対象かどうかを中心に、最適な贈与額がいくらかによって有利判定をすることになります。なお、生前贈与加算の対象についてはQ６を、最適な贈与額の

■概　要

生前贈与加算	最適贈与額	贈与期間	判定
対象外	110万円以下	―	暦年課税制度・相続時精算課税制度は同等
	110万円超	―	暦年課税制度が有利
対象	110万円以下	―	相続時精算課税制度が有利
	110万円超	７年内	相続時精算課税制度が有利
		７年超	贈与期間により変動

考え方についてはQ34を参照してください。

2　受贈者が贈与者の生前贈与加算の対象外の場合

(1)　最適贈与額が110万円以下のケース

生前贈与加算による影響がないため、最適贈与額が110万円（基礎控除）以下であるときは、暦年課税制度・相続時精算課税制度のいずれであっても金銭面で変わりはありません。届出の提出が不要な点で手続面では暦年課税制度が有利になります。

■ 最適贈与額110万円（生前贈与加算対象外）

（単位：万円）

手法	暦年課税制度				相続時精算課税制度				有利判定	
贈与額	贈与額（単年）	贈与額（累計）	7年内加算額	贈与額（実質）	贈与額（単年）	贈与額（累計）	相続財産加算額	贈与額（実質）	手法	有利額
1年目	110	110	0	110	110	110	0	110	同等	0
2年目	110	220	0	220	110	220	0	220	同等	0
3年目	110	330	0	330	110	330	0	330	同等	0
4年目	110	440	0	440	110	440	0	440	同等	0
5年目	110	550	0	550	110	550	0	550	同等	0
6年目	110	660	0	660	110	660	0	660	同等	0
7年目	110	770	0	770	110	770	0	770	同等	0
8年目	110	880	0	880	110	880	0	880	同等	0
9年目	110	990	0	990	110	990	0	990	同等	0
10年目	110	1,100	0	1,100	110	1,100	0	1,100	同等	0
11年目	110	1,210	0	1,210	110	1,210	0	1,210	同等	0
12年目	110	1,320	0	1,320	110	1,320	0	1,320	同等	0
13年目	110	1,430	0	1,430	110	1,430	0	1,430	同等	0
14年目	110	1,540	0	1,540	110	1,540	0	1,540	同等	0
15年目	110	1,650	0	1,650	110	1,650	0	1,650	同等	0

〈上記表の見方について〉　※以下Q35中の表は同様

・贈与額（単年）は、1年当たりの贈与額を記載しています。
・贈与額（累計）は、それまでの贈与額の合計額を記載しています。
・7年内加算額は、生前贈与加算により相続財産に加算される金額を記載しています。
・相続財産加算額は、相続時精算課税制度により相続財産に加算される金額を記載しています。
・贈与額（実質）は、贈与額（累計）から相続財産に加算される金額を控除した金額を記載しています。
・有利判定／手法は、暦年課税制度と相続時精算課税制度との贈与額（実質）を比較して有利な方を記載しており、暦年課税制度が有利な場合「暦年」、相続時精算課税制度が有利な場合「精算」、変わらない場合「同等」としています。
・有利判定／有利額は、暦年課税制度と相続時精算課税制度との贈与額（実質）の差額を記載しています。

⑵　最適贈与額が110万円を超えるケース

①　贈与者が1人の場合

生前贈与加算による影響がないため、最適贈与額が110万円を超える場合には暦年課税制度が有利になります。具体例として最適贈与額が310万円のときを記載します。

■ 最適贈与額310万円（生前贈与加算対象外）

（単位：万円）

手法	暦年課税制度				相続時精算課税制度				有利判定	
贈与額	贈与額（単年）	贈与額（累計）	7年内加算額	贈与額（実質）	贈与額（単年）	贈与額（累計）	相続財産加算額	贈与額（実質）	手法	有利額
1年目	310	310	0	310	310	310	▲200	110	暦年	200
2年目	310	620	0	620	310	620	▲400	220	暦年	400
3年目	310	930	0	930	310	930	▲600	330	暦年	600
4年目	310	1,240	0	1,240	310	1,240	▲800	440	暦年	800
5年目	310	1,550	0	1,550	310	1,550	▲1,000	550	暦年	1,000
6年目	310	1,860	0	1,860	310	1,860	▲1,200	660	暦年	1,200
7年目	310	2,170	0	2,170	310	2,170	▲1,400	770	暦年	1,400
8年目	310	2,480	0	2,480	310	2,480	▲1,600	880	暦年	1,600
9年目	310	2,790	0	2,790	310	2,790	▲1,800	990	暦年	1,800
10年目	310	3,100	0	3,100	310	3,100	▲2,000	1,100	暦年	2,000
11年目	310	3,410	0	3,410	310	3,410	▲2,200	1,210	暦年	2,200
12年目	310	3,720	0	3,720	310	3,720	▲2,400	1,320	暦年	2,400
13年目	310	4,030	0	4,030	310	4,030	▲2,600	1,430	暦年	2,600
14年目	310	4,340	0	4,340	310	4,340	▲2,800	1,540	暦年	2,800
15年目	310	4,650	0	4,650	310	4,650	▲3,000	1,650	暦年	3,000

②　贈与者が複数人いる場合

贈与者が複数人いる場合において、すでに暦年課税制度により贈与を受けているときは、相続時精算課税制度を選択することで、それぞれの110万円の基礎控除額を利用することができるため、原則として併用が有利となります。

(3)　相続時精算課税制度を検討した方が良い場合

上記(1)、(2)の記載のとおり基本的に受贈者が贈与者の生前贈与加算の対象外の場合、暦年課税制度を選択した方が有利となりますが、すでに他の贈与者から暦年課税制度により110万円以上の贈与を受けているときは、暦年課税制度の基礎控除が使えないこととなります。この場合には、あえて相続時精算課税制度を選択することで、相続時精算課税制度の基礎控除を活用するケースもあり得ると考えられます。

3　受贈者が贈与者の生前贈与加算の対象である場合

生前贈与加算の対象となる場合、暦年課税制度と相続時精算課税制度のいずれにおいても相続開始前７年間の贈与財産は相続財産に加算されることになります。

ただし、贈与した全額が相続財産に加算されるわけではなく、制度ごとに加算額が異なります。

暦年課税制度は相続開始前８年以前の贈与では、生前贈与加算の影響はありませんが、相続時精算課税制度は引き続き110万円（基礎控除）を超えた金額は相続財産に加算されます。

(1) 最適贈与額が 110 万円以下のケース

最適贈与額が 110 万円（基礎控除）以下であるときは、生前贈与加算の影響を受けない相続時精算課税制度が有利となります。

■ 最適贈与額 110 万円（生前贈与加算対象）

（単位：万円）

手法	暦年課税制度				相続時精算課税制度				有利判定	
贈与額	贈与額（単年）	贈与額（累計）	7年内加算額	贈与額（実質）	贈与額（単年）	贈与額（累計）	相続財産加算額	贈与額（実質）	手法	有利額
1年目	110	110	▲110	0	110	110	0	110	精算	110
2年目	110	220	▲220	0	110	220	0	220	精算	220
3年目	110	330	▲330	0	110	330	0	330	精算	330
4年目	110	440	▲340	100	110	440	0	440	精算	340
5年目	110	550	▲450	100	110	550	0	550	精算	450
6年目	110	660	▲560	100	110	660	0	660	精算	560
7年目	110	770	▲670	100	110	770	0	770	精算	670
8年目	110	880	▲670	210	110	880	0	880	精算	670
9年目	110	990	▲670	320	110	990	0	990	精算	670
10年目	110	1,100	▲670	430	110	1,100	0	1,100	精算	670
11年目	110	1,210	▲670	540	110	1,210	0	1,210	精算	670
12年目	110	1,320	▲670	650	110	1,320	0	1,320	精算	670
13年目	110	1,430	▲670	760	110	1,430	0	1,430	精算	670
14年目	110	1,540	▲670	870	110	1,540	0	1,540	精算	670
15年目	110	1,650	▲670	980	110	1,650	0	1,650	精算	670

(2) 最適贈与額が 110 万円を超えるケース

贈与可能期間によって判定することになりますが、相続開始前7年間の贈与は相続時精算課税制度が有利になります。贈与年数が8年以上で生前贈与加算の影響がない期間がある場合には、最適贈与額ごとに一定の年数を超えたタイミングで暦年課税制度が有利に変わります。

■最適贈与額 310 万円（生前贈与加算対象）

（単位：万円）

手法	暦年課税制度				相続時精算課税制度				有利判定	
贈与額	贈与額（単年）	贈与額（累計）	7年内加算額	贈与額（実質）	贈与額（単年）	贈与額（累計）	相続財産加算額	贈与額（実質）	手法	有利額
1年目	310	310	▲ 310	0	310	310	▲ 200	110	精算	110
2年目	310	620	▲ 620	0	310	620	▲ 400	220	精算	220
3年目	310	930	▲ 930	0	310	930	▲ 600	330	精算	330
4年目	310	1,240	▲ 1,140	100	310	1,240	▲ 800	440	精算	340
5年目	310	1,550	▲ 1,450	100	310	1,550	▲ 1,000	550	精算	450
6年目	310	1,860	▲ 1,760	100	310	1,860	▲ 1,200	660	精算	560
7年目	310	2,170	▲ 2,070	100	310	2,170	▲ 1,400	770	精算	670
8年目	310	2,480	▲ 2,070	410	310	2,480	▲ 1,600	880	精算	470
9年目	310	2,790	▲ 2,070	720	310	2,790	▲ 1,800	990	精算	270
10年目	310	3,100	▲ 2,070	1,030	310	3,100	▲ 2,000	1,100	精算	70
11年目	310	3,410	▲ 2,070	1,340	310	3,410	▲ 2,200	1,210	暦年	130
12年目	310	3,720	▲ 2,070	1,650	310	3,720	▲ 2,400	1,320	暦年	330
13年目	310	4,030	▲ 2,070	1,960	310	4,030	▲ 2,600	1,430	暦年	530
14年目	310	4,340	▲ 2,070	2,270	310	4,340	▲ 2,800	1,540	暦年	730
15年目	310	4,650	▲ 2,070	2,580	310	4,650	▲ 3,000	1,650	暦年	930

■最適贈与額 510 万円（生前贈与加算対象）

（単位：万円）

手法	暦年課税制度				相続時精算課税制度				有利判定	
贈与額	贈与額（単年）	贈与額（累計）	7年内加算額	贈与額（実質）	贈与額（単年）	贈与額（累計）	相続財産加算額	贈与額（実質）	手法	有利額
1年目	510	510	▲ 510	0	510	510	▲ 400	110	精算	110
2年目	510	1,020	▲ 1,020	0	510	1,020	▲ 800	220	精算	220
3年目	510	1,530	▲ 1,530	0	510	1,530	▲ 1,200	330	精算	330
4年目	510	2,040	▲ 1,940	100	510	2,040	▲ 1,600	440	精算	340
5年目	510	2,550	▲ 2,450	100	510	2,550	▲ 2,000	550	精算	450
6年目	510	3,060	▲ 2,960	100	510	3,060	▲ 2,400	660	精算	560
7年目	510	3,570	▲ 3,470	100	510	3,570	▲ 2,800	770	精算	670
8年目	510	4,080	▲ 3,470	610	510	4,080	▲ 3,200	880	精算	270
9年目	510	4,590	▲ 3,470	1,120	510	4,590	▲ 3,600	990	暦年	130
10年目	510	5,100	▲ 3,470	1,630	510	5,100	▲ 4,000	1,100	暦年	530
11年目	510	5,610	▲ 3,470	2,140	510	5,610	▲ 4,400	1,210	暦年	930
12年目	510	6,120	▲ 3,470	2,650	510	6,120	▲ 4,800	1,320	暦年	1,330
13年目	510	6,630	▲ 3,470	3,160	510	6,630	▲ 5,200	1,430	暦年	1,730
14年目	510	7,140	▲ 3,470	3,670	510	7,140	▲ 5,600	1,540	暦年	2,130
15年目	510	7,650	▲ 3,470	4,180	510	7,650	▲ 6,000	1,650	暦年	2,530

■ 最適贈与額 1,110 万円（生前贈与加算対象）

（単位：万円）

手法	暦年課税制度				相続時精算課税制度				有利判定	
贈与額	贈与額（単年）	贈与額（累計）	７年内加算額	贈与額（実質）	贈与額（単年）	贈与額（累計）	相続財産加算額	贈与額（実質）	手法	有利額
１年目	1,110	1,110	▲ 1,110	0	1,110	1,110	▲ 1,000	110	精算	110
２年目	1,110	2,220	▲ 2,220	0	1,110	2,220	▲ 2,000	220	精算	220
３年目	1,110	3,330	▲ 3,330	0	1,110	3,330	▲ 3,000	330	精算	330
４年目	1,110	4,440	▲ 4,340	100	1,110	4,440	▲ 4,000	440	精算	340
５年目	1,110	5,550	▲ 5,450	100	1,110	5,550	▲ 5,000	550	精算	450
６年目	1,110	6,660	▲ 6,560	100	1,110	6,660	▲ 6,000	660	精算	560
７年目	1,110	7,770	▲ 7,670	100	1,110	7,770	▲ 7,000	770	精算	670
８年目	1,110	8,880	▲ 7,670	1,210	1,110	8,880	▲ 8,000	880	暦年	330
９年目	1,110	9,990	▲ 7,670	2,320	1,110	9,990	▲ 9,000	990	暦年	1,330
10 年目	1,110	11,100	▲ 7,670	3,430	1,110	11,100	▲ 10,000	1,100	暦年	2,330
11 年目	1,110	12,210	▲ 7,670	4,540	1,110	12,210	▲ 11,000	1,210	暦年	3,330
12 年目	1,110	13,320	▲ 7,670	5,650	1,110	13,320	▲ 12,000	1,320	暦年	4,330
13 年目	1,110	14,430	▲ 7,670	6,760	1,110	14,430	▲ 13,000	1,430	暦年	5,330
14 年目	1,110	15,540	▲ 7,670	7,870	1,110	15,540	▲ 14,000	1,540	暦年	6,330
15 年目	1,110	16,650	▲ 7,670	8,980	1,110	16,650	▲ 15,000	1,650	暦年	7,330

Q36 贈与税の配偶者控除の注意点

贈与税の配偶者控除の特例を使い、配偶者に自宅を贈与したいと考えていますが、何か注意する点はありますでしょうか。

POINT

- 贈与税の配偶者控除の特例を使うことで、夫婦間の財産の偏りを少なくすることができ、二次相続まで含めた相続税額負担を抑えることができます。ただし、配偶者の保有する財産が多額である場合は、効果がないこともあるため注意が必要です。
- 贈与税の配偶者控除の特例を利用して自宅を配偶者に贈与する場合には、自宅の贈与に関する登録免許税や不動産取得税が発生するため、効果とコストを比較して実行を判断する必要があります。
- 土地だけでなく建物を一緒に贈与することで、不動産取得税を抑えることができるため、土地の贈与を行う場合には、建物と一緒に贈与する方が有利となります。

Answer & 解説

1　贈与税の配偶者控除の特例の効果

贈与税の配偶者控除の特例は、婚姻期間が20年以上の夫婦の間で、居住用不動産又は居住用不動産を取得するための金銭の贈与が行われた場合、贈与税の課税価格から基礎控除110万円のほかに最高2,000万円まで控除（配偶者控除）できるという特例です（特例の内容については**Q24**を参照）。

この特例を利用し贈与することの効果は、夫婦間の財産の偏りを少なくし、二次相続まで含めた相続税額負担を抑えることができることです。ただし、配偶者の財産の金額によっては効果がない場合もありますので、実行する前に検証が必要となります。

以下、具体的な数値を前提において効果を計算します。

(1)　配偶者の保有する財産が少額である場合

【前　提】

・父母、子ども2人の4人家族

・贈与前の財産額　父9,000万円（うち自宅2,000万円）
　　　　　　　　　母2,000万円

・一次相続が父、二次相続が母と仮定

・遺産分割では、一次相続の財産はすべて子に相続

・父母と子は同居しておらず、小規模宅地等の評価減の特例（措法69の4）の適用はできないものと仮定

・特例等の適用なし

・万円未満四捨五入表示

① 配偶者へ自宅2,000万円の贈与を行った場合の相続税

【一次相続】

（課税財産額の計算）

①	財産額	9,000万円
②	贈与による減少	−2,000万円
③	基礎控除	−4,800万円
④	計	2,200万円

（税額計算）

相続人	法定相続分	金額	税率	控除額	算出税額
母	1/2	1,100万円	15%	50万円	115万円
子	1/4	550万円	10%	0万円	55万円
子	1/4	550万円	10%	0万円	55万円
				相続税の総額	**225万円**

【二次相続】

（課税財産額の計算）

①	財産額	2,000万円	
②	贈与による増加	2,000万円	
③	基礎控除	−4,200万円	
④	計	−200万円	→相続税　**0円**

【一次・二次合計相続税額】

225万円＋0円＝**225万円**

② 配偶者へ自宅の贈与を行わなかった場合の相続税

【一次相続】

（課税財産額の計算）

①	財産額	9,000 万円
②	贈与による減少	0 万円
③	基礎控除	−4,800 万円
④	計	4,200 万円

（税額計算）

相続人	法定相続分	金額	税率	控除額	算出税額
母	1/2	2,100 万円	15%	50 万円	265 万円
子	1/4	1,050 万円	15%	50 万円	108 万円
子	1/4	1,050 万円	15%	50 万円	108 万円
				相続税の総額	**481 万円**

【二次相続】

（課税財産額の計算）

①	財産額	2,000 万円	
②	贈与による増加	0 万円	
③	基礎控除	−4,200 万円	
④	計	−2,200 万円	→相続税 **0 円**

【一次・二次合計相続税額】

481 万円＋0 円＝**481 万円**

③　結　論

自宅2,000万円の贈与を行った場合の一次・二次合計相続税額は225万円、行わなかった場合の一次・二次合計相続税額は481万円ですので、贈与を行うことにより相続税が256万円減少します。

⑵　配偶者の保有する財産が多額である場合

【前　提】

・財産額　父9,000万円（うち自宅2,000万円）
　　　　　母7,000万円

・その他の条件は上記⑴と同様

①　配偶者へ自宅2,000万円の贈与を行った場合の相続税

【一次相続】

上記⑴①と同額。**225万円**

【二次相続】

（課税財産額の計算）

①	財産額	7,000万円
②	贈与による増加	2,000万円
③	基礎控除	−4,200万円
④	計	4,800万円

（税額計算）

相続人	法定相続分	金額	税率	控除額	算出税額
子	1/2	2,400万円	15%	50万円	310万円
子	1/2	2,400万円	15%	50万円	310万円
				相続税の総額	**620万円**

【一次・二次合計相続税額】

225 万円＋620 万円＝**845 万円**

②　配偶者へ自宅の贈与を行わなかった場合の相続税

【一次相続】

上記⑴②と同額。**481 万円**

【二次相続】

（課税財産額の計算）

①	財産額	7,000 万円
②	贈与による増加	0 万円
③	基礎控除	−4,200 万円
④	計	2,800 万円

（税額計算）

相続人	法定相続分	金額	税率	控除額	算出税額
子	1/2	1,400 万円	15%	50 万円	160 万円
子	1/2	1,400 万円	15%	50 万円	160 万円
				相続税の総額	**320 万円**

【一次・二次合計相続税額】

481 万円＋320 万円＝**801 万円**

③　結　論

自宅 2,000 万円の贈与を行った場合の一次・二次合計相続税額は 845 万円、行わなかった場合の一次・二次合計相続税額は 801 万円ですので、贈与を行うことにより相続税が 44 万円増加してしまいます。

⑶ 補　足

上記前提では、計算をわかりやすくするために自宅の土地について小規模宅地等の評価減の特例を利用できないものと仮定していますが、自宅に子どもが同居しているなど、自宅の土地について小規模宅地等の評価減の特例が利用できる場合には、贈与を行わず相続まで自宅を保有していても相続税負担が大きくならず、自宅贈与の効果がより少なくなるため、留意する必要があります。

2　自宅の贈与を行うことによるコスト

自宅の贈与を贈与税の配偶者控除の特例を利用して行ったとしても、贈与による登録免許税・不動産取得税は通常どおり課税されます。また、登録免許税・不動産取得税の税率は、相続により取得した場合よりも贈与により取得した場合の方が高くなっています。そのため、1の具体例で計算した相続税の減少額に加えて、登録免許税・不動産取得税のコストを比較することも重要になります。

■住宅用家屋　登録免許税・不動産取得税の税率（令和５年４月時点）

建物	贈与	相続
不動産取得税	（固定資産税評価額－最大1,200万円※1）×３％	非課税
登録免許税	固定資産税評価額×２％	固定資産税評価額×0.4％

※1　贈与の場合、中古住宅の建物を取得した際に軽減措置が利用できる可能性があります。この控除額は、建物が新築された年月日に応じて一定の金額が定められています。

■住宅用土地　登録免許税・不動産取得税の税率（令和５年４月時点）

土地	贈与	相続
不動産取得税	固定資産税評価額×1/2×３％－減額措置※2	非課税
登録免許税	固定資産税評価額×２％	固定資産税評価額× 0.4%

※2　贈与の場合、中古住宅の土地を取得した際に軽減措置が利用できる可能性があります。この控除額は、次のいずれか多い金額です。
A＝45,000円
B＝（土地１㎡当たりの固定資産税評価額×1/2）×（住宅の課税床面積×２［200㎡限度］）×３％

なお、土地の不動産取得税の軽減措置に関しては、中古住宅の軽減措置が利用できる建物と同時又は前後１年以内に贈与された場合に限り適用できますので、自宅の贈与を行う場合には、建物と土地を同時に贈与することにより不動産取得税を軽減することができます。

Q37 自宅リフォームの注意点

私が所有する自宅をリフォームして子どもと一緒に住むことを考えています。自宅のリフォーム費用は子どもが出すと言ってくれています。何か注意する点はありますでしょうか。

POINT

- 自宅の所有者以外の方がリフォームを行う場合、リフォームの内容によっては、自宅の所有者に贈与税が課税される場合があります。
- リフォームによる贈与税が課税されないようにするためには、子が支払うリフォーム費用に応じて、自宅の持分を所有させるか、リフォームの前に自宅を贈与する必要があります。

Answer & 解説

1 自宅リフォーム時の贈与税課税

建物に対するリフォーム部分については、親と子の居住スペースが完全に区分されているなど独立性を備えている場合には、区分所有登記をすることにより、子の所有権とすることができますが、独立性を備えていない場合には「不動産の付合※1」（民法242）に該当することになると考えられますので、リフォーム部分の所有権は建物所有者である親に帰属します。したがって、リフォーム部分を区分所有登記できない場合には、建物所有者（＝リフォーム部分の所有権取得者）である親が本来支払うべきリフォーム費用を子が代わりに支払ったこととなり、親から子にリフォーム費用の精算を行わない場合には、子から親への「みなし贈与」（相法9、Q14参照）に該当します。よって、リフォーム費用の金額が贈与税の基礎控除額110万円を超えた場合には、親に贈与税が課税されます。

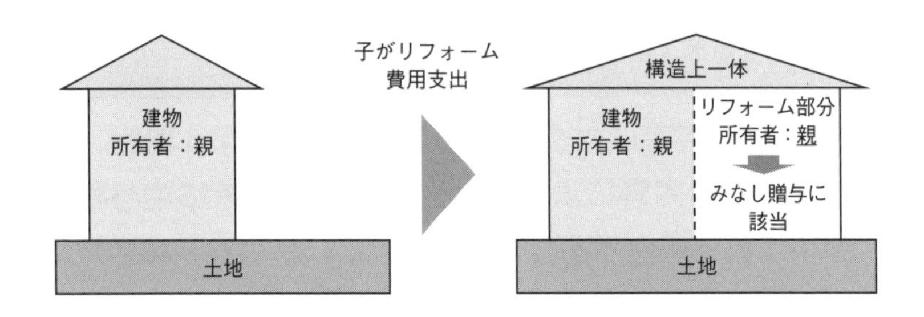

なお、リフォーム費用を贈与した場合、贈与税が非課税となる「住宅取得等資金の贈与の特例」（措法70の2）がありますが、この特例は「直系尊属からの贈与」が適用要件となっているため、子から親への贈与は適用対象となりません。

※1　建物のリフォーム部分が、建物本体と分離復旧が事実上不可能又は経済上著しく不利である場合には建物の付合に該当し、建物所有者がその所有権を取得することになります。

2　自宅リフォーム時の対策方法

(1)　対策方法

子が親の所有する建物のリフォーム費用を支出する場合に、贈与税が課税されないようにするためには、次の方法が考えられます。いずれの方法もそれぞれ留意点がありますので、事前に検討を行う必要があります。

① 自宅建物をリフォーム直後に親子共有の名義にする

リフォーム直後において、自宅建物の持分の一部を子に譲渡（リフォーム費用の代物弁済※1を行い、自宅建物を親子共有とします。この場合、リフォーム工事の内容がすべて建物の価値を高めるもの※2と仮定すると、「(建物の時価＋リフォーム費用) ×譲渡する持分の割合」をリフォーム費用と同額になるように設定すれば、リフォームによる贈与税は発生しませんが、建物を譲渡（代物弁済）することによる譲渡所得税、登録免許税、不動産取得税が発生します。

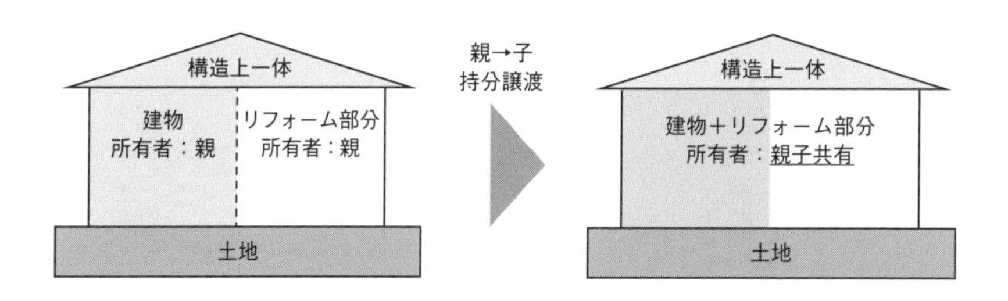

※1　代物弁済とは、債務の履行として本来の給付（たとえば、金銭の給付）に代えて他のもの（たとえば、不動産等）を給付することにより債務を消滅させる旨の債権者・債務者間の契約をいいます（民法482)。今回の事例では、本来建物所有者である親が支払うべきであるリフォーム費用を子が支払ったことにより、親から子に対する債務が発生していますので、その債務を金銭でなく不動産の持分を譲渡することにより消滅させることになります。

※2　リフォーム工事の多くは建物の価値を増加させるものですが、リフォームの内容に通常の維持修繕の範囲内の工事が含まれている場合には、その部分の金額は建物の価値を増加させないと考えられます。

②　自宅建物をリフォーム前に贈与により子の名義にする

リフォームを行う前に自宅建物を子に贈与することにより、建物所有者とリフォーム費用の支出者を同一とします。この場合、リフォームによる贈与税は発生しませんが、建物を贈与することによる贈与税、登録免許税、不動産取得税が発生します。

なお、建物の固定資産税評価額が高く、暦年課税制度による贈与税の負担が重い場合には相続時精算課税制度（相法21の9、**Q21〜23**参照）を適用して贈与を行うことも検討が必要です。

また、この方法による場合は、リフォーム前に建物所有権を子が持つことになるため、子において住宅ローン控除（措法41）の適用の可能性があります。

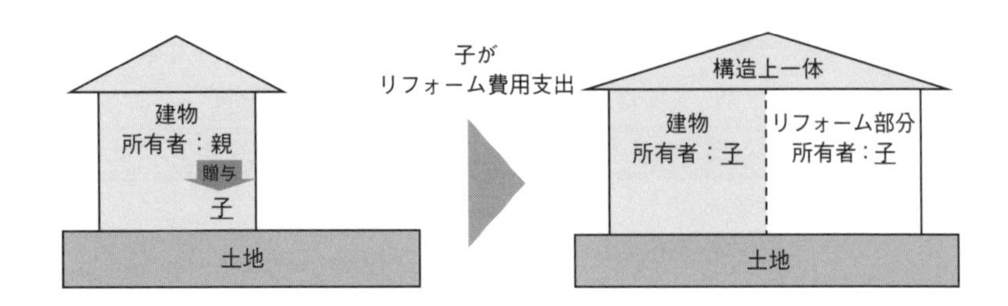

⑵　対策方法の比較

各方法の特徴を表にまとめます。

	対策なし	対策①リフォーム後に親子共有	対策②リフォーム前に子に贈与
贈与税	リフォーム費用相当額が贈与とみなされ、親に贈与税課税	なし	建物を贈与するため、子に贈与税課税
所得税	なし	建物を譲渡（代物弁済）するため、親に譲渡所得税課税	なし
不動産取得税	リフォーム部分について課税あり（減税措置あり）	リフォーム部分及び譲渡（代物弁済）による取得分について課税あり（減税措置あり）	リフォーム部分及び贈与による取得分について課税あり（減税措置あり）
登録免許税	なし	子は譲渡（代物弁済）により建物を取得するため課税あり	子は贈与により建物を取得するため課税あり
その他	なし	なし	相続時精算課税制度、住宅ローン控除の適用検討

⑶　具体例

具体的な数値により、課税される贈与税・所得税の計算を行います。それぞれの対策の有利不利は、その建物の固定資産税評価額、取得費、リフォーム費用の金額などにより変動しますので、事前の検証が重要となります。

【前　提】

建物時価：300万円

建物固定資産税評価額：200万円
建物のリフォーム時点での取得費：100万円
リフォーム費用：900万円（すべて建物の価値を増加させる工事）
建物の築年数：30年（新築時から保有）

① 対策を行わない場合

対策を行わない場合、子から親に対するリフォーム費用900万円相当額がみなし贈与に該当し、親に贈与税が課税されます。

【親に課税される贈与税】

①	課税価格	900万円
②	基礎控除	110万円
③	①－②	790万円
④	税率	40%
⑤	控除額	125万円
⑥	税額（③×④－⑤）	191万円

② 対策⑴ 自宅建物をリフォーム直後に親子共有の名義にする

建物時価が300万円、リフォーム費用が900万円であり、リフォームの内容はすべて建物の価値を増加させるものであるため、リフォーム直後の建物の時価は1,200万円となると考えられます。そのため、持分4分の3（900万円分）を子へ譲渡すればリフォーム費用全額について代物弁済となり、親への贈与税は課税されません。その代わり、親から子への建物の譲渡になりますので、親に譲渡所得税が課税されます。

なお、リフォーム部分は譲渡（代物弁済）の直前に取得しておりますが、譲渡所得の長期・短期の判定は既存建物の取得日を基準とします（措通31・32共－6）。よって、今回の前提では譲渡所得の全額が長期譲渡所得に該当します。

また、自宅の譲渡については居住用財産を譲渡した場合の3,000万円の特別控除の特例（措法35）がありますが、子（親族）への譲渡の場合は、この特例は適用できません。

■親に課税される譲渡所得税（住民税についても合算して表示）

①	譲渡収入	900万円※1
②	取得費	750万円※2
③	譲渡利益(①－②)	150万円
④	税率	20.315%
⑤	税額（③×④）	30万円（万円未満切捨て表示）

※1　(300万円+900万円)×3/4=900万円（既存建物及びリフォーム部分の時価×譲渡する持分）

※2　(100万円+900万円)×3/4=750万円（既存建物及びリフォーム部分の取得費×譲渡する持分）

③　対策(2)　自宅建物をリフォーム前に贈与により子の名義にする

建物をリフォーム前に子に贈与した場合、子がリフォーム部分を取得することになりますので、親への贈与税は課税されません。その代わり、子に建物の贈与分200万円（固定資産税評価額）について贈与税が課税されます。

■ 子に課税される贈与税（暦年課税制度による贈与を前提）

①	課税価格	200万円
②	基礎控除	110万円
③	①－②	90万円

④	税率	10%
⑤	控除額	0万円
⑥	税額(③×④－⑤)	9万円

生前贈与の検討
(65歳、財産3億円の場合)

私は現在65歳で所有する財産が3億円です。将来の推定相続人は妻と子2人ですが、どのような生前贈与を検討すればよろしいでしょうか。

POINT

- 財産3億円と多額に保有されている場合には、毎年110万円超の贈与を検討する必要があります。
- 推定相続人に対して毎年110万円以下の贈与をする場合、相続時精算課税制度の活用を検討する必要があります。
- 贈与税の特例の活用を検討しましょう。

Answer & 解説

1　生前贈与額・方法の検討

生前贈与については、暦年課税制度による贈与の場合、令和6年3月時点の制度では受贈者1人当たり年間110万円までは贈与税がかかりませんので、一般的に多く行われている対策として、毎年110万円を子・孫等に贈与し、財産分散を図ることで、保有財産を減らすというものがあります。しかし、財産が3億円と多額にある場合には、毎年110万円の贈与を行っていたとしても、相続発生までにそこまで多く財産を減らすことができないため、相続税の負担軽減策としては効率が悪い可能性もあります。そこで、次のような方法を組み合わせることにより、生前贈与による対策の効果を増加させることができます。

⑴ 暦年課税制度による贈与の場合、年間の贈与額を増加させる

受贈者が1年間で110万円を超える贈与を受けた場合、贈与税が課税されますが、財産を多額に保有されているケースでは贈与税を支払ってでも贈与を行った方が有利になることがあります（Q34参照）。この金額は、次の要素を基に決定することが重要となります。

① 相続税の限界税率は何％か

② 何年程度贈与できる見込みか

③ 贈与者の今後必要な生活費等がどの程度あるか

⑵ 贈与をする対象者を増やす（孫等）

贈与税の計算は受贈者ごとに行うため、受贈者が多いほど贈与税の負担は少なくなり、相続税負担軽減の効果は大きくなります。また、相続人でない孫については、遺言の受遺者や死亡保険金の受取人になっていない限りは、生前贈与加算（相法19）の対象にはならず、また一世代（子世代）を飛ばした財産移転となるため、贈与による相続税負担軽減の効果は大きくなります。

⑶ 推定相続人に対する年間110万円以下の贈与の場合、相続時精算課税制度を適用する

暦年課税制度による贈与の場合、令和6年1月1日以後の贈与については、相続により財産を取得した者が相続開始前7年間に受けた贈与財産は、相続財産に加算して相続税を計算しなければならないこととなりました（Q6参照）。

一方で、相続時精算課税制度を適用して贈与を行う場合、令和6年1月1日以後の贈与については、贈与額のうち毎年110万円までは相続財産に加算しないこととなりました（Q7参照）。

したがって、令和6年1月1日以後は、推定相続人に対して毎年110万円以下の贈与を行う場合には、暦年課税制度による贈与を行うよりも相続時精算課税制度を選択して贈与を行った方が有利であると考えられます。

2　具体例

1で紹介した対策について、具体的な数値を前提として、効果を比較します。

(1)　対策を行わなかった場合

【前　提】

・保有財産3億円、相続人は妻と子2人、相続人以外の孫が2人

・特例等の適用なし

・万円未満四捨五入表示

【贈与税】

贈与を行わないため、**0円**

【相続税】

（課税財産額の計算）

①	財産額	30,000万円
②	贈与による減少	0万円
③	生前贈与加算	0万円
④	基礎控除	−4,800万円
⑤	計	25,200万円

（税額計算）

相続人	法定相続分	金額	税率	控除額	算出税額
妻	1/2	12,600万円	40%	1,700万円	3,340万円
子	1/4	6,300万円	30%	700万円	1,190万円
子	1/4	6,300万円	30%	700万円	1,190万円
				相続税の総額	5,720万円

【贈与税・相続税合計額】

0円＋5,720万円＝5,720万円

⑵ 贈与額を年間110万円とした場合（暦年課税制度による贈与）

【前　提】

・子2人へ110万円ずつ、20年間贈与（暦年課税制度による贈与、令和6年1月1日以後開始）

・第23回完全生命表（男性版、厚生労働省発表）より、相続発生を20年後と仮定

・その他は⑴と同じ

【贈与税】

基礎控除以下のため、**0円**

【相続税】

（課税財産額の計算）

①	財産額	30,000万円	
②	贈与による減少	−4,400万円	
③	生前贈与加算	1,340万円	（110万円×7年×2人−100万円×2人）
④	基礎控除	−4,800万円	
⑤	計	22,140万円	

（税額計算）

相続人	法定相続分	金額	税率	控除額	算出税額
妻	1/2	11,070 万円	40%	1,700 万円	2,728 万円
子	1/4	5,535 万円	30%	700 万円	961 万円
子	1/4	5,535 万円	30%	700 万円	961 万円
				相続税の総額	4,649 万円

【贈与税・相続税合計額】

0 円＋4,649 万円＝**4,649 万円**

⑴と比較して 1,071 万円減少しています。

⑶ 贈与額を年間 110 万円とした場合（相続時精算課税制度による贈与）

【前　提】

・子 2 人へ 110 万円ずつ、20 年間贈与（相続時精算課税制度を選択）

・その他は⑵と同じ

【贈与税】

基礎控除以下のため、**0 円**

【相続税】

（課税財産額の計算）

①	財産額	30,000 万円
②	贈与による減少	−4,400 万円
③	生前贈与加算	0 万円
④	基礎控除	−4,800 万円
⑤	計	20,800 万円

（税額計算）

相続人	法定相続分	金額	税率	控除額	算出税額
妻	1/2	10,400万円	40%	1,700万円	2,460万円
子	1/4	5,200万円	30%	700万円	860万円
子	1/4	5,200万円	30%	700万円	860万円
				相続税の総額	4,180万円

【贈与税・相続税合計額】

0円＋4,180万円＝<u>4,180万円</u>

⑴と比較して1,540万円、⑵と比較して469万円減少しています。

⑷　年間贈与額を510万円とした場合

財産３億円、子２人へ20年間贈与を行う前提の場合、年間110万円を超えた贈与が有利であり、具体的には510万円となります。この金額は、相続税の限界税率より低い贈与税の限界税率となる贈与金額を基準に算出します。

この際、贈与を毎年行ったことにより、贈与税の限界税率と相続税の限界税率が逆転して贈与税の限界税率の方が高くなってしまわないように注意する必要があります。

なお、実際には、贈与による相続税負担軽減の効果だけではなく、贈与者が今後必要な生活費なども総合的に考慮し、贈与者の贈与後の財産額に問題のない範囲で贈与する必要があります。

【前　提】

・子２人へ510万円ずつ20年間贈与（暦年課税制度による贈与）
・その他は⑵と同じ

【贈与税】

（510万円－110万円）×15%－10万円＝50万円（受贈者１人の１年分の贈与税額）

50万円×20年×2人=**2,000万円**

【相続税】

（課税財産額の計算）

①	財産額	30,000万円	
②	贈与による減少	−20,400万円	
③	生前贈与加算	6,940万円	（510万円×7年×2人−100万円×2人）
④	基礎控除	−4,800万円	
⑤	計	11,740万円	

（税額計算）

相続人	法定相続分	金額	税率	控除額	算出税額
妻	1/2	5,870万円	30%	700万円	1,061万円
子	1/4	2,935万円	15%	50万円	390万円
子	1/4	2,935万円	15%	50万円	390万円
				相続税の総額	1,842万円
				贈与税額控除	−700万円
				差引相続税	1,142万円

【贈与税・相続税合計額】

2,000万円+1,142万円=**3,142万円**

(1)と比較して2,578万円、(2)と比較して1,507万円減少しています。

(5) 贈与人数を増やし、かつ、年間贈与額を310万円とした場合

贈与人数を増やした場合、財産の減少ペースが早くなるため、(4)と比較して1人当たりの贈与額を減少させた方が有利となります。財産3億円、子2人に加えて孫2人にも20年間贈与する場合、年

間310万円の贈与額が有利となります。

【前　提】

・子2人、孫2人へ310万円ずつ20年間贈与（暦年課税制度による贈与）

・その他は(2)と同じ

【贈与税】

（310万円－110万円）×10%＝20万円（受贈者1人の1年分の贈与税額）

20万円×20年×4人＝**1,600万円**

【相続税】

（課税財産額の計算）

①	財産額	30,000万円	
②	贈与による減少	－24,800万円	
③	生前贈与加算	4,140万円	（310万円×7年×2人－100万円×2人）
④	基礎控除	－4,800万円	
⑤	計	4,540万円	

（税額計算）

相続人	法定相続分	金額	税率	控除額	算出税額
妻	1/2	2,270万円	15%	50万円	291万円
子	1/4	1,135万円	15%	50万円	120万円
子	1/4	1,135万円	15%	50万円	120万円
				相続税の総額	531万円
				贈与税額控除	－280万円
				差引相続税	251万円

【贈与税・相続税合計額】

1,600万円＋251万円＝**1,851万円**

⑴と比較して3,869万円、⑵と比較して2,798万円減少しています。

⑹ まとめ

対策内容	贈与税額	相続税額	合計額
⑴ 対策を行わなかった場合	0万円	5,720万円	5,720万円
⑵ 贈与額を年間110万円とした場合（暦年課税制度による贈与）	0万円	4,649万円	4,649万円
⑶ 贈与額を年間110万円とした場合（相続時精算課税制度による贈与）	0万円	4,180万円	4,180万円
⑷ 年間贈与額を510万円とした場合	2,000万円	1,142万円	3,142万円
⑸ 贈与人数を増やし、かつ、年間贈与額を310万円とした場合	1,600万円	251万円	1,851万円

上記で比較したとおり、3億円と多額に財産がある場合は贈与人数・贈与額を増やすことにより対策の効果が大きく増加します。

また、対策効果以外の観点から贈与額110万円以下の贈与の方がよいと判断された場合は、相続時精算課税制度を利用すると暦年課税制度による贈与と比較して有利になります。

3 贈与税の特例の活用の検討

次の特例の活用が考えられます。

⑴ 住宅取得等資金の贈与の特例（措法70の2）

子が住宅を購入、建築することも多い年代であると思われますので、そのような予定がある場合には、住宅取得に充てるための資金を贈与し、非課税の特例を適用することが考えられます（特例の詳細については**Q25**）。なお、この特例はスケジュール管理が難しい部分があり、住宅取得の代金支払い前に贈与を実行しておかなければならないことや、原則として、贈与の翌年の3月15日までに建物の引渡しを受けなければならない等、様々な注意点があります。

⑵ 教育資金の一括贈与の特例（措法70の2の2）

孫が誕生することも多い年代であると思われますので、その場合には、将来の教育資金に充ててもらうため教育資金の一括贈与を行い、非課税の特例を適用することが考えられます（特例の詳細についてはQ26参照）。

なお、教育資金については、本特例を利用しない場合であっても、必要な都度実費分を贈与することにより非課税となります。よって、孫の教育費がかからなくなる年齢まで贈与することができるのであれば、領収書等を金融機関に提出する手間などを考えると、わざわざ特例を利用する必要はないといえます。この特例の利点は、孫の教育費がかからなくなるまでの期間贈与できるか不安だ、という場合に、早期に一括贈与し財産を減少させるところにあります。

また、贈与者に相続があった場合に、受贈者が使い切れていない残額が相続財産に加算されるケースがあるため、その点については注意する必要があります。

⑶ 結婚・子育て資金の一括贈与の特例（措法70の2の3）

子夫婦に結婚・子育て資金の負担がかかる年代であると思われますので、そのような場合には、上記⑵に近い制度として結婚・子育て資金の一括贈与の特例が設けられています（特例の詳細についてはQ28参照）。

この特例は⑵の教育資金の一括贈与の特例と異なり、贈与者に相続があった場合に、受贈者が使い切れていない残額が相続財産に加算されるため、結婚・子育て資金の実費をその必要な都度非課税で贈与することと比較して相続税の負担を軽減させるものではありません。相続税の負担軽減というよりも、一括贈与を行い、子夫婦へ気兼ねなく結婚・子育て資金を使ってもらうための特例となります。

4　毎年贈与を行う場合の注意点

上記2の具体例において、計算を簡便するために毎年の贈与額を一定と仮定して計算を行いました。このように毎年贈与を行う場合、「定期金に関する権利」の贈与とみなされないように注意する必要があります（Q34参照）。

生前贈与の検討（80 歳、財産３億円の場合）

私は現在 80 歳で所有する財産が３億円です。将来の推定相続人は妻と子２人ですが、どのような生前贈与を検討すればよろしいでしょうか。

POINT

- 財産３億円と多額に保有されている場合には、毎年 110 万円超の贈与を検討する必要があります。また、生前贈与加算の適用を考えると、暦年課税制度による贈与を行う場合には相続により財産を取得しない方を受贈者とする方が得策であると考えられます。
- 推定相続人に対して毎年 110 万円以下の贈与をする場合、相続時精算課税制度の活用を検討する必要があります。
- 贈与税の特例の活用を検討しましょう。

Answer & 解説

1　生前贈与額・方法の検討

効率的な生前贈与の考え方は、基本的にはQ38 に記載のとおりです。80 歳の方の特有の考え方としては、Q38 で記載した 65 歳の方と比べると贈与できる期間が短いということです。この場合、特に留意しなければならないのは生前贈与加算（相法19）の規定です。暦年課税制度による贈与の場合、令和６年１月１日以後の贈与については、相続により財産を取得した方が相続開始前７年間に受けた贈与財産は、相続財産に加算して相続税を計算しなければならないこととなりました（**Q６**参照）。よって、80歳の方の場合ですと、相続により財産を取得する予定の方（例えば推定相続人である子など）に暦年課税制度による贈与を行ったとしても、そのすべて又は大部分を相続財産に足し戻して計算しなければならない可能性があります。したがって、「贈与をだれに行うか」という点については、慎重に検討しなければなりません。

上記を踏まえて、**Q38**の**1**で紹介した３つの方法について再掲し、80歳の方特有の考え方を追記します。

⑴　暦年課税制度による贈与の場合、年間の贈与額を増加させる

受贈者が１年間で110万円を超える贈与を受けた場合、贈与税が課税されますが、財産を多額に保有されているケースでは贈与税を支払ってでも贈与を行った方が有利になることがあります（**Q34**参照）。この金額は、次の要素を基に決定することが重要となります。

①　相続税の限界税率は何％か
②　何年程度贈与できる見込みか
③　贈与者の今後必要な生活費等がどの程度あるか

②の期間が短い場合は、①の税率にも左右されますが、なるべく１年間の贈与額を増加させることを検討する必要があります。

⑵　贈与をする対象者を増やす（孫等）

贈与税の計算は受贈者ごとに行うため、受贈者が多いほど贈与税の負担は少なくなり、相続税負担軽減の効果は大きくなります。また、相続人でない孫については、遺言の受遺者や死亡保険金の受取

人になっていない限りは、生前贈与加算（相法19）の対象にはならず、また一世代（子世代）を飛ばした財産移転となるため、贈与による相続税負担軽減の効果は大きくなります。

80歳の方が子に贈与をした場合は、上記**1**に記載のとおり生前贈与加算の改正の影響を大きく受けてしまうことが想定されるため、相続等により財産を取得しない孫等に積極的に贈与することを検討する必要があります。

(3) 推定相続人に対する年間110万円以下の贈与の場合、相続時精算課税制度を適用する

暦年課税制度による贈与の場合、令和6年1月1日以後の贈与については、相続により財産を取得した者が相続開始前7年間に受けた贈与財産は、相続財産に加算して相続税を計算しなければならないこととなりました（**Q6**参照）。

一方で、相続時精算課税制度を適用して贈与を行う場合、令和6年1月1日以後の贈与については、贈与額のうち毎年110万円までは相続財産に加算しないこととなりました（**Q7**参照）。

したがって、令和6年1月1日以後は、推定相続人に対して毎年110万円以下の贈与を行う場合には、暦年課税制度による贈与を行うよりも相続時精算課税制度を選択して贈与を行った方が有利であると考えられます。

2　具体例

1で紹介した対策について、具体的な数値を前提として、効果を比較します。

(1) 対策を行わなかった場合

【前　提】

・保有財産３億円、相続人は妻と子２人、相続人以外の孫が２人（18歳以上）

・特例等の適用なし

・万円未満四捨五入表示

【贈与税】

贈与を行わないため、**０円**

【相続税】

（課税財産額の計算）

①	財産額	30,000万円
②	贈与による減少	0万円
③	生前贈与加算	0万円
④	基礎控除	−4,800万円
⑤	計	25,200万円

（税額計算）

相続人	法定相続分	金額	税率	控除額	算出税額
妻	1/2	12,600万円	40%	1,700万円	3,340万円
子	1/4	6,300万円	30%	700万円	1,190万円
子	1/4	6,300万円	30%	700万円	1,190万円
				相続税の総額	5,720万円

【贈与税・相続税合計額】

0円＋5,720万円＝**5,720万円**

⑵ 贈与額を年間 110 万円とした場合（暦年課税制度による贈与）

【前　提】

・子２人へ 110 万円ずつ、10 年間贈与（暦年課税制度による贈与、令和６年１月１日以後開始）
・第 23 回完全生命表（男性版、厚生労働省発表）より、相続発生を 10 年後と仮定
・その他は⑴と同じ

【贈与税】

基礎控除以下のため、**0 円**

【相続税】

（課税財産額の計算）

①	財産額	30,000 万円	
②	贈与による減少	−2,200 万円	
③	生前贈与加算	1,340 万円	（110万円×７年×２人−100万円×２人）
④	基礎控除	−4,800 万円	
⑤	計	24,340 万円	

（税額計算）

相続人	法定相続分	金額	税率	控除額	算出税額
妻	1/2	12,170 万円	40%	1,700 万円	3,168 万円
子	1/4	6,085 万円	30%	700 万円	1,126 万円
子	1/4	6,085 万円	30%	700 万円	1,126 万円
				相続税の総額	5,419 万円

【贈与税・相続税合計額】

0 円＋5,419 万円＝**5,419 万円**

⑴と比較して、301 万円減少しています。

⑶ 贈与額を年間 110 万円とした場合（相続時精算課税制度による贈与）

【前　提】

・子２人へ 110 万円ずつ、10 年間贈与（相続時精算課税制度を選択）
・その他は⑵と同じ

【贈与税】

基礎控除以下のため、**０円**

【相続税】

（課税財産額の計算）

①	財産額	30,000 万円
②	贈与による減少	−2,200 万円
③	生前贈与加算	0 万円
④	基礎控除	−4,800 万円
⑤	計	23,000 万円

（税額計算）

相続人	法定相続分	金額	税率	控除額	算出税額
妻	1/2	11,500 万円	40%	1,700 万円	2,900 万円
子	1/4	5,750 万円	30%	700 万円	1,025 万円
子	1/4	5,750 万円	30%	700 万円	1,025 万円
				相続税の総額	4,950 万円

【贈与税・相続税合計額】

０円＋4,950 万円＝**4,950 万円**

⑴と比較して 770 万円、⑵と比較して 469 万円減少しています。

⑷ 年間贈与額を710万円とした場合

財産3億円、子2人へ10年間贈与を行う前提の場合、年間110万円を超えた贈与が有利であり、具体的には710万円となります。この金額は、相続税の限界税率より低い贈与税の限界税率となる贈与金額を基準に算出します。

この際、贈与を毎年行ったことにより、贈与税の限界税率と相続税の限界税率が逆転して贈与税の限界税率の方が高くなってしまわないように注意する必要があります。

なお、実際には、贈与による相続税負担軽減の効果だけではなく、贈与者が今後必要な生活費なども総合的に考慮し、贈与者の贈与後の財産額に問題のない範囲で贈与する必要があります。

【前　提】

・子2人へ710万円ずつ10年間贈与（暦年課税制度による贈与）
・その他は⑵と同じ

【贈与税】

（710万円－110万円）×20%－30万円＝90万円（受贈者1人の1年分の贈与税額）

90万円×10年×2人＝**1,800万円**

【相続税】

（課税財産額の計算）

①	財産額	30,000万円	
②	贈与による減少	−14,200万円	
③	生前贈与加算	9,740万円	（710万円×7年×2人－100万円×2人）
④	基礎控除	−4,800万円	
⑤	計	20,740万円	

（税額計算）

相続人	法定相続分	金額	税率	控除額	算出税額
妻	1/2	10,370万円	40%	1,700万円	2,448万円
子	1/4	5,185万円	30%	700万円	856万円
子	1/4	5,185万円	30%	700万円	856万円
				相続税の総額	4,159万円
				贈与税額控除	−1,260万円
				差引相続税	2,899万円

【贈与税・相続税合計額】

1,800万円＋2,899万円＝**4,699万円**

⑴と比較して1,021万円、⑵と比較して720万円減少しています。

⑸　贈与人数を増やし、かつ、年間贈与額を510万円とした場合

贈与人数を増やした場合、財産の減少ペースが早くなるため、⑷と比較して1人当たりの贈与額を減少させた方が有利となります。財産3億円、子2人に加えて孫2人にも10年間贈与する場合、年間510万円の贈与額が有利となります。

【前　提】

・子2人、孫2人へ510万円ずつ10年間贈与（暦年課税制度による贈与）
・その他は⑵と同じ

【贈与税】

（510万円−110万円）×15%−10万円＝50万円（受贈者1人の1年分の贈与税額）

50万円×10年×4人＝**2,000万円**

【相続税】

（課税財産額の計算）

①	財産額	30,000 万円	
②	贈与による減少	−20,400 万円	
③	生前贈与加算	6,940 万円	（510万円×７年×２人−100万円×２人）
④	基礎控除	−4,800 万円	
⑤	計	11,740 万円	

（税額計算）

相続人	法定相続分	金額	税率	控除額	算出税額
妻	1/2	5,870 万円	30%	700 万円	1,061 万円
子	1/4	2,935 万円	15%	50 万円	390 万円
子	1/4	2,935 万円	15%	50 万円	390 万円
				相続税の総額	1,842 万円
				贈与税額控除	−700 万円
				差引相続税	1,142 万円

【贈与税・相続税合計額】

2,000 万円＋1,142 万円＝**3,142 万円**

⑴と比較して 2,578 万円、⑵と比較して 2,277 万円減少しています。

⑹ まとめ

対策内容	贈与税額	相続税額	合計額
⑴ 対策を行わなかった場合	0万円	5,720万円	5,720万円
⑵ 贈与額を年間110万円とした場合（暦年課税制度による贈与）	0万円	5,419万円	5,419万円
⑶ 贈与額を年間110万円とした場合（相続時精算課税制度による贈与）	0万円	4,950万円	4,950万円
⑷ 年間贈与額を710万円とした場合	1,800万円	2,899万円	4,699万円
⑸ 贈与人数を増やし、かつ、年間贈与額を510万円とした場合	2,000万円	1,142万円	3,142万円

上記で比較したとおり、3億円と多額に財産がある場合は贈与人数・贈与額を増やすことにより対策の効果が大きく変化します。なお、財産額や贈与人数が同様であるQ38の例と比較すると、贈与年数が短い分、最適贈与額が増加しています。

また、対策効果以外の観点から贈与額110万円以下の贈与の方がよいと判断された場合は、相続時精算課税制度を利用すると暦年課税制度による贈与と比較して有利になります。

3　贈与税の特例の活用の検討

次の特例の活用が考えられます。

⑴ 住宅取得等資金の贈与の特例（措法70の2）

孫が住宅を購入、建築することも多い年代であると思われますので、そのような予定がある場合には、住宅取得に充てるための資金を贈与し、非課税の特例を適用することが考えられます（特例の詳細についてはQ25参照）。なお、この特例はスケジュール管理が難しい部分があり、住宅取得の代金支払い前に贈与を実行しておかなければならないことや、原則として、贈与の翌年の3月15日までに建物の引渡しを受けなければならない等、様々な注意点があります。

⑵ 教育資金の一括贈与の特例（措法70の2の2）

孫がまだ学費がかかりそうな年齢の場合、将来の教育資金に充ててもらうため教育資金の一括贈与を行い、非課税の特例を適用することが考えられます（特例の詳細についてはQ26参照）。

なお、教育資金については、本特例を利用しない場合であっても、必要な都度実費分を贈与することにより非課税となります。よって、孫の教育費がかからなくなる年齢まで贈与することができるのであれば、領収書等を金融機関に提出する手間などを考えると、わざわざ特例を利用する必要はないといえます。この特例の利点は、孫の教育費がかからなくなるまでの期間贈与できるか不安だ、という場合に、早期に一括贈与し財産を減少させるところにあります。また、贈与者に相続があった場合に、受贈者が使い切れていない残額が相続財産に加算されるケースがあるため、その点については注意する必要があります。

⑶ 結婚・子育て資金の一括贈与の特例（措法70の2の3）

孫夫婦に結婚・子育て資金の負担がかかる年代であると思われますので、そのような場合には、上記⑵に近い制度として結婚・子育て資金の一括贈与の特例が設けられています（特例の詳細についてはQ28参照）。

この特例は⑵の教育資金の一括贈与の特例と異なり、贈与者に相続があった場合に、受贈者が使い切れていない残額が相続財産に加算されるため、結婚・子育て資金の実費をその必要な都度非課税で贈与することと比較して相続税の負担を軽減させるものではありません。相続税の負担軽減というよりも、一括贈与を行い、孫夫婦へ気兼ねなく結婚・子育て資金を使ってもらうための特例となります。

4　毎年贈与を行う場合の注意点

上記2の具体例において、計算を簡便にするために毎年の贈与額を一定と仮定して計算を行いました。このように毎年贈与を行う場合、「定期金に関する権利」の贈与とみなされないように注意する必要があります（Q34参照）。

生前贈与の検討（推定相続人以外の甥に全財産を遺贈する場合）

私は現在 65 歳で所有する財産が 1 億 3,800 万円（3 億 4,800 万円）です。将来の推定相続人は、兄弟姉妹 3 人ですが、財産は日ごろ世話になっている甥（推定相続人ではない）に全財産を遺贈することにしています。どのような生前贈与を検討すべきでしょうか

POINT

- 財産額に応じて、毎年 110 万円超の贈与を検討する必要があります。
- 甥は直系卑属ではないため、相続時精算課税制度を選択できず暦年課税制度（一般贈与）による贈与を行うことになります。
- 甥は直系卑属ではないため、贈与税の特例についても使うことができません。

Answer & 解説

1　生前贈与額・方法の検討

甥は直系卑属ではないことから、相続時精算課税制度を選択できないため、暦年課税制度による贈与を検討することになります。ま

た同様の理由から暦年課税制度は税率が優遇される特例贈与ではなく、一般贈与として取り扱われることとなります。

このため、Q38、Q39で紹介した3つの方法のうち、「贈与をする対象者を増やす（孫等）」、「推定相続人に対する年間110万円以下の贈与の場合、相続時精算課税制度を適用する」方法は活用することができず、「暦年課税制度の場合、年間の贈与額を増加させる」方法のみを検討することとなります。

⑴　暦年課税制度の場合、年間の贈与額を増加させる

受贈者が1年間で110万円を超える贈与を受けた場合、贈与税が課税されますが、財産を多額に保有されているケースでは贈与税を支払ってでも贈与を行った方が有利になることがあります（Q34参照）。この金額は、次の要素を基に決定することが重要となります。

①　相続税の限界税率は何％か
②　何年程度贈与できる見込みか
③　贈与者の今後必要な生活費等がどの程度あるか

2　具体例

1で紹介した対策について、具体的な数値を前提として、効果を比較します。

⑴　財産額が1億3,800万円、対策を行わなかった場合

【前　提】

・保有財産1億3,800万円、相続人は3人（兄、弟、姉）、相続人以外の甥が1人
・遺贈により甥が全財産を取得予定
・特例等の適用なし

・万円未満四捨五入表示

【贈与税】

贈与を行わないため、**0円**

【相続税】

（課税財産額の計算）

①	財産額	13,800万円
②	贈与による減少	0万円
③	生前贈与加算	0万円
④	基礎控除	−4,800万円
⑤	計	9,000万円

（税額計算）

相続人	法定相続分	金額	税率	控除額	算出税額
兄	1/3	3,000万円	15%	50万円	400万円
弟	1/3	3,000万円	15%	50万円	400万円
姉	1/3	3,000万円	15%	50万円	400万円
				相続税の総額	1,200万円
				2割加算額	240万円
				合計相続税	1,440万円

【贈与税・相続税合計額】

0円＋1,440万円＝**1,440万円**

⑵　財産額が1億3,800万円、贈与額を年間110万円とした場合（暦年課税制度による贈与）

【前　提】

・甥へ110万円ずつ、20年間贈与（暦年課税制度による贈与、令和6年1月1日以後開始）

・第23回完全生命表（男性版、厚生労働省発表）より、相続発生

　を20年後と仮定
・その他は(1)と同じ

【贈与税】

　基礎控除以下のため、**0円**

【相続税】

（課税財産額の計算）

①	財産額	13,800万円	
②	贈与による減少	−2,200万円	
③	生前贈与加算	670万円	（110万円×7年×1人−100万円×1人）
④	基礎控除	−4,800万円	
⑤	計	7,470万円	

（税額計算）

相続人	法定相続分	金額	税率	控除額	算出税額
兄	1/3	2,490万円	15%	50万円	324万円
弟	1/3	2,490万円	15%	50万円	324万円
姉	1/3	2,490万円	15%	50万円	324万円
				相続税の総額	971万円
				2割加算額	194万円
				合計相続税	1,165万円

【贈与税・相続税合計額】

　0円＋1,165万円＝**1,165万円**

(1)と比較して275万円減少しています。

⑶　財産額が１億 3,800 万円、贈与額を年間 410 万円とした場合（暦年課税制度による贈与）

財産額が１億 3,800 万円、甥へ 20 年間贈与を行う前提の場合、年間 110 万円を超えた贈与が有利であり、具体的には 410 万円となります。通常は、相続税の限界税率より低い贈与税の限界税率となる贈与金額を基準に算出するため 310 万円になります。しかし、甥は相続税額の２割加算の適用があるため、相続税の限界税率と同率の贈与税の限界税率であっても２割加算の分が有利になります。この際、贈与を複数年行ったことにより、贈与税の限界税率と相続税の限界税率が逆転して贈与税の限界税率の方が高くなってしまわないように注意する必要があります。

なお、実際には、贈与による相続税負担軽減の効果だけではなく、贈与者が今後必要な生活費なども総合的に考慮し、贈与者の贈与後の財産額に問題のない範囲で贈与する必要があります。

【前　提】

・甥へ 410 万円ずつ、20 年間贈与（暦年課税制度による贈与、令和６年１月１日以後開始）

・その他は⑴と同じ

【贈与税】

(410 万円－110 万円)×15％－10 万円＝35 万円

35 万円×20 年＝**700 万円**

【相続税】

（課税財産額の計算）

①	財産額	13,800 万円	
②	贈与による減少	−8,200 万円	
③	生前贈与加算	2,770 万円	（410万円×７年×１人−100万円×１人）
④	基礎控除	−4,800 万円	
⑤	計	3,570 万円	

（税額計算）

相続人	法定相続分	金額	税率	控除額	算出税額
兄	1/3	1,190 万円	15%	50 万円	129 万円
弟	1/3	1,190 万円	15%	50 万円	129 万円
姉	1/3	1,190 万円	15%	50 万円	129 万円
				相続税の総額	386 万円
				２割加算額	77 万円
				贈与税額控除	−245 万円
				合計相続税	218 万円

【贈与税・相続税合計額】

700 万円＋218 万円＝**918 万円**

⑴と比較して 522 万円減少しています。

【参考：贈与額を 310 万円とした場合】

・甥へ 310 万円ずつ、20 年間贈与（暦年課税制度による贈与、令和６年１月１日以後開始）

・その他は⑴と同じ

【贈与税】

(310 万円－110 万円)×10%＝20 万円

20 万円×20 年＝**400 万円**

【相続税】

(課税財産額の計算)

①	財産額	13,800 万円	
②	贈与による減少	−6,200 万円	
③	生前贈与加算	2,070 万円	(310万円×７年×１人−100万円×１人)
④	基礎控除	−4,800 万円	
⑤	計	4,870 万円	

(税額計算)

相続人	法定相続分	金額	税率	控除額	算出税額
兄	1/3	1,623 万円	15%	50 万円	193 万円
弟	1/3	1,623 万円	15%	50 万円	193 万円
姉	1/3	1,623 万円	15%	50 万円	193 万円
				相続税の総額	580 万円
				２割加算額	116 万円
				贈与税額控除	−140 万円
				合計相続税	556 万円

【贈与税・相続税合計額】

400 万円＋556 万円＝**956 万円**

⑴と比較して 484 万円減少しています。

⑷ 財産額が３億 4,800 万円、対策を行わなかった場合

【前　提】

・保有財産３億 4,800 万円、相続人は３人（兄、弟、姉）、相続人以外の甥が１人

・その他は⑴と同じ

【贈与税】

贈与を行わないため、**0円**

【相続税】

（課税財産額の計算）

①	財産額	34,800 万円
②	贈与による減少	0 万円
③	生前贈与加算	0 万円
④	基礎控除	−4,800 万円
⑤	計	30,000 万円

（税額計算）

相続人	法定相続分	金額	税率	控除額	算出税額
兄	1/3	10,000 万円	30%	700 万円	2,300 万円
弟	1/3	10,000 万円	30%	700 万円	2,300 万円
姉	1/3	10,000 万円	30%	700 万円	2,300 万円
				相続税の総額	6,900 万円
				２割加算額	1,380 万円
				合計相続税	8,280 万円

【贈与税・相続税合計額】

0円＋8,280 万円＝<u>**8,280万円**</u>

⑸ 財産額が3億4,800万円、贈与額を年間110万円とした場合（暦年課税制度による贈与）

【前　提】

・甥へ110万円ずつ、20年間贈与（暦年課税制度による贈与、令和6年1月1日以後開始）
・第23回完全生命表（男性版、厚生労働省発表）より、相続発生を20年後と仮定
・その他は⑷と同じ

【贈与税】

基礎控除以下のため、**0円**

【相続税】

（課税財産額の計算）

①	財産額	34,800万円	
②	贈与による減少	−2,200万円	
③	生前贈与加算	670万円	（110万円×7年×1人−100万円×1人）
④	基礎控除	−4,800万円	
⑤	計	28,470万円	

（税額計算）

相続人	法定相続分	金額	税率	控除額	算出税額
兄	1/3	9,490万円	30%	700万円	2,147万円
弟	1/3	9,490万円	30%	700万円	2,147万円
姉	1/3	9,490万円	30%	700万円	2,147万円
				相続税の総額	6,441万円
				2割加算額	1,288万円
				合計相続税	7,729万円

【贈与税・相続税合計額】

0円＋7,729万円＝**7,729万円**

⑷と比較して551万円減少しています。

⑹　財産額が3億4,800万円、贈与額を年間710万円とした場合（暦年課税制度による贈与）

財産額が3億4,800万円、甥へ20年間贈与を行う前提の場合、年間110万円を超えた贈与が有利であり、具体的には710万円となります。通常は、相続税の限界税率より低い贈与税の限界税率となる贈与金額を基準に算出するため510万円になります。しかし、甥は相続税額の2割加算の適用があるため、相続税の限界税率と同率の贈与税の限界税率であっても2割加算の分が有利になります。この際、贈与を複数年行ったことにより、贈与税の限界税率と相続税の限界税率が逆転して贈与税の限界税率の方が高くなってしまわないように注意する必要があります。

なお、実際には、贈与による相続税負担軽減の効果だけではなく、贈与者が今後必要な生活費なども総合的に考慮し、贈与者の贈与後の財産額に問題のない範囲で贈与する必要があります。

【前　提】

・甥へ710万円ずつ、20年間贈与（暦年課税制度による贈与、令和6年1月1日以後開始）

・その他は⑷と同じ

【贈与税】

(710万円－110万円)×30%－65万円＝115万円

115万円×20年＝**2,300万円**

【相続税】

（課税財産額の計算）

①	財産額	34,800 万円	
②	贈与による減少	−14,200 万円	
③	生前贈与加算	4,870 万円	（710万円×７年×１人−100万円×１人）
④	基礎控除	−4,800 万円	
⑤	計	20,670 万円	

（税額計算）

相続人	法定相続分	金額	税率	控除額	算出税額
兄	1/3	6,890 万円	30%	700 万円	1,367 万円
弟	1/3	6,890 万円	30%	700 万円	1,367 万円
姉	1/3	6,890 万円	30%	700 万円	1,367 万円
				相続税の総額	4,101 万円
				２割加算額	820 万円
				贈与税額控除	−805 万円
				合計相続税	4,116 万円

【贈与税・相続税合計額】

2,300 万円＋4,116 万円＝**6,416 万円**

⑷と比較して 1,864 万円減少しています。

【参考：贈与額を 510 万円とした場合】

・甥へ 510 万円ずつ、20 年間贈与（暦年課税制度による贈与、令和６年１月１日以後開始）

・その他は⑷と同じ

【贈与税】

（510 万円－110 万円）×20%－25 万円＝55 万円

55 万円×20 年＝**1,100 万円**

【相続税】

（課税財産額の計算）

①	財産額	34,800 万円	
②	贈与による減少	－10,200 万円	
③	生前贈与加算	3,470 万円	（510万円×７年×１人－100万円×１人）
④	基礎控除	－4,800 万円	
⑤	計	23,270 万円	

（税額計算）

相続人	法定相続分	金額	税率	控除額	算出税額
兄	1/3	7,757 万円	30%	700 万円	1,627 万円
弟	1/3	7,757 万円	30%	700 万円	1,627 万円
姉	1/3	7,757 万円	30%	700 万円	1,627 万円
				相続税の総額	4,881 万円
				２割加算額	976 万円
				贈与税額控除	－385 万円
				合計相続税	5,472 万円

【贈与税・相続税合計額】

1,100 万円＋5,472 万円＝**6,572 万円**

⑷と比較して 1,708 万円減少しています。

⑹ まとめ

対策内容	贈与税額	相続税額	合計額
⑴ 財産が1億3,800万円、対策を行わなかった場合	0万円	1,440万円	1,440万円
⑵ 贈与額を年間110万円とした場合（暦年課税制度による贈与）	0万円	1,165万円	1,165万円
⑶ 贈与額を年間410万円とした場合（暦年課税制度による贈与）	700万円	218万円	918万円
⑶ 【参考】贈与額を年間310万円とした場合（暦年課税制度による贈与）	400万円	556万円	956万円
⑷ 財産が3億4,800万円、対策を行わなかった場合	0万円	8,280万円	8,280万円
⑸ 贈与額を年間110万円とした場合（暦年課税制度による贈与）	0万円	7,729万円	7,729万円
⑹ 贈与額を年間710万円とした場合（暦年課税制度による贈与）	2,300万円	4,116万円	6,416万円
⑹ 【参考】贈与額を年間510万円とした場合（暦年課税制度による贈与）	1,100万円	5,472万円	6,572万円

上記で比較したとおり、財産額に応じて贈与額を増やすことにより対策の効果が大きく変化します。

なお、Q38、Q39と異なり相続税額の2割加算の適用があることから、最適贈与額の判断が複雑化していることに注意が必要です。

3 贈与税の特例の不適用

贈与税の特例である住宅取得等資金の贈与（措法70の2）、教育資金の一括贈与（措法70の2の2）、結婚・子育て資金の一括贈与（措法70の2の3）といった制度は、直系尊属から直系卑属に対する贈与に限られるため、直系卑属に該当しない甥は、贈与税の特例を使用することはできません。

4　毎年贈与を行う場合の注意点

上記**2**の具体例において、計算を簡便にするために毎年の贈与額を一定と仮定して計算を行いました。このように毎年贈与を行う場合、「定期金に関する権利」の贈与とみなされないように注意する必要があります（Q34参照）。

●執筆者紹介●

税理士法人山田＆パートナーズ

伊藤　健介（税理士）
梅沢　謙一（税理士）
格谷　明秀（税理士）
笠井　祐司（税理士）
兼髙　慶太（税理士）
河村　美佳（税理士）
川村　理重子（税理士）
後藤　美輪（税理士）
酒徳　篤史（税理士）
髙橋　　聡（税理士）
華野　良和（税理士）
三浦　　眸（税理士）
山川　直人（税理士）
水谷　友香

弁護士法人Ｙ＆Ｐ法律事務所

石田　裕夏（弁護士）
田中　康敦（弁護士）

●法　人　紹　介●

税理士法人山田＆パートナーズ　東京本部

〒100-0005　東京都千代田区丸の内１－８－１
丸の内トラストタワーＮ館８階（受付９階）
TEL：03-6212-1660
URL：https://www.yamada-partners.jp/

弁護士法人Ｙ＆Ｐ法律事務所

〒100-0005　東京都千代田区丸の内１－８－１
丸の内トラストタワーＮ館９階（受付９階）
TEL：03-6212-1663
URL：https://www.yp-law.or.jp/

■国内拠点

札幌事務所、盛岡事務所、仙台事務所、北関東事務所、横浜事務所、長野事務所、新潟事務所、金沢事務所、静岡事務所、名古屋事務所、京都事務所、大阪事務所、神戸事務所、広島事務所、高松事務所、松山事務所、福岡事務所、南九州事務所、鹿児島事務所

■海外拠点

シンガポール、中国（上海）、ベトナム（ハノイ）、アメリカ（ロサンゼルス）

Q&A　新しい生前贈与の法務と税務

令和6年4月10日　初版発行
令和6年9月1日　初版3刷

検印省略

〒 101-0032
東京都千代田区岩本町1丁目2番19号
https://www.horei.co.jp/

編著者　税理士法人
　　　　山田＆パートナーズ
　　　　弁護士法人
　　　　Y&P法律事務所
発行者　青　木　鉱　太
編集者　岩　倉　春　光
印刷所　日本ハイコム
製本所　国　　宝　　社

（営　業）　TEL　03-6858-6967　　Eメール　syuppan@horei.co.jp
（通　販）　TEL　03-6858-6966　　Eメール　book.order@horei.co.jp
（編　集）　FAX　03-6858-6957　　Eメール　tankoubon@horei.co.jp
（オンラインショップ）　https://www.horei.co.jp/iec/
（お詫びと訂正）　https://www.horei.co.jp/book/owabi.shtml
（書籍の追加情報）　https://www.horei.co.jp/book/osirasebook.shtml
※万一、本書の内容に誤記等が判明した場合には、上記「お詫びと訂正」に最新情報を掲載しております。ホームページに掲載されていない内容につきましては、FAXまたはEメールで編集までお問合せください。

ISBN 978-4-539-73022-5